Die Rechtsunsicherheit des Hypothekengläubigers

und

Vorschläge zur Besserung.

Von

Robert Wiener und **Dr. Leopold Samolewitz,**
Rechtsanwalt am Kammergericht.

Berlin 1912.
J. Guttentag, Verlagsbuchhandlung,
G. m. b. H.

Einleitung.

Die Rechtsunsicherheit des Hypothekengläubigers ist vornehmlich die Ursache für die ungünstige Lage des Hypothekenmarktes.

Bis vor wenigen Jahren galt die Hingabe von Geldern gegen Bestellung von Hypotheken als eine sichere und begehrenswerte Kapitalsanlage. Dies hat sich, soweit erststellige Hypotheken in Betracht kommen, im wesentlichen nicht geändert. Dagegen hat sich eine immer mehr steigende Abneigung gegen die Anlegung von Kapitalien in zweitstelligen Hypotheken herausgebildet. Diese Erscheinung ist umso beachtenswerter, als für diese Anlagen in der Hauptsache die Kapitalien bestimmter Kreise in Frage kommen, und zwar von kleinen Kapitalisten, Beamten 2c. Man ließ sich hierbei von der durchaus zutreffenden Erwägung leiten, daß zweitstellige Hypotheken — in der Regel bis 80 % des reellen Grundstückswertes auslaufend — eine durchaus einwandsfreie Sicherheit boten und gleichzeitig einen höheren Zinsgenuß gewährten, als dies durch die Anlage in Staats-, Kommunal- oder gleichartigen Werten erreichbar ist. Es kommt weiter hinzu, daß Kapitalseinbußen, welche durch Kursverluste bei den genannten Werten nicht selten zu verzeichnen sind, bei der Anlegung von Geldern in zweitstelligen Hypotheken vollständig vermieden werden können.

Auf den ersten Blick erscheint die Frage berechtigt, weshalb die ungünstige Gestaltung des Hypothekenmarktes überhaupt auf rechtliche Unsicherheiten zurückgeführt werden solle, da seit langen Jahren eine Veränderung der gesetzlichen Bestimmungen nicht erfolgt ist, und weshalb dasselbe Gesetz, welches früher ausreichenden Schutz gewährte, jetzt plötzlich versagen solle.

Solange die Verhältnisse des Grundstücksmarktes sich in Grenzen des lauteren Geschäftsverkehrs hielten, wurden die Lücken, welche das Gesetz aufweist, nicht beachtet, und demnach gewährten die bestehenden Bestimmungen dem Hypothekengläubiger ausreichenden Schutz. Da aber mit der Zeit mehr und mehr unlautere Elemente in den Kreis der Grundstücksinteressenten eingedrungen sind, haben diese es verstanden, die Mängel in der Gesetzgebung aufzufinden und rücksichtslos zu ihrem einseitigen Vorteil und zur Schädigung des Hypothekengläubigers auszubeuten.

Diese Manöver sind in der raffiniertesten Weise mit immer größerem Erfolge durchgeführt worden, und es ist bereits so weit gekommen, daß fast bei jeder Zwangsversteigerung Hypothekengläubiger durch derartige Machenschaften ihr Geld verlieren.

Es konnte deshalb nicht ausbleiben, daß sich in den beteiligten Kreisen das Gefühl geltend gemacht hat, die Anlegung des Kapitals in zweiten Hypotheken biete keine einwandsfreie Sicherheit mehr. Durchaus berechtigt ist dieser Standpunkt, soweit sich das Mißtrauen gegen unsolide Besitzer richtet. Das Publikum hat aber nicht die Möglichkeit, mit Sicherheit festzustellen, ob der Kapital suchende Eigentümer in jedem einzelnen Falle kreditwürdig ist. So muß denn der solide Besitzer unter den Machenschaften der unsoliden Elemente des Grundstücksmarktes leiden; denn das Publikum zieht seine ausgeliehenen Kapitalien grundsätzlich aus dem Hypothekenmarkte zurück und verweigert grundsätzlich die Gewährung neuer Darlehen gegen Hypothekenbestellung.

Aus diesem Grunde kann auch der reelle Besitzer seinen Bedarf an Kapital zur zweiten Stelle fast ausschließlich nur noch von seiten der gewerbsmäßigen Darlehnsgeber erhalten. Diese Darlehnsgeber stellen aber dem Grundstückseigentümer in vielen Fällen recht harte Bedingungen. Es ist schon fast zur stehenden Übung geworden, daß zweitstellige Hypotheken nur noch mit einem erheblichen Damno, oder in der Weise hergegeben werden, daß nur ein Teil des Darlehns in bar gezahlt wird, während der Grundstückseigentümer für den Rest lästige Objekte, wie Grundstücke, Hypotheken usw. in Zahlung nehmen muß. Solche Verträge müssen naturgemäß die wirtschaftliche Lage des Grundstücksmarktes ungünstig beeinflussen.

Die Frage, wie hier wirksam Abhilfe zu schaffen ist, ist schon von den verschiedensten Seiten aus beleuchtet worden.

Die Grundstücks-Institute öffentlichen Rechts, wie Ritterschaften, Pfandbriefämter usw. können hier ebenso wenig helfen, wie die Hypothekenbanken; denn alle diese Institute dürfen nur Beleihungen an erster Stelle und zwar bis höchstens 60 Prozent des Grundstückswertes gewähren. Eine Reihe von Kommunen hat bereits in dankenswerter Weise den Versuch gemacht, helfend einzugreifen, indem sie aus bestimmten Fonds Darlehen zur zweiten Stelle hergegeben haben. Die Mittel, welche auf diesem Wege zur Verfügung stehen, reichen aber bei weitem nicht aus, um auch nur annähernd den ungeheuren Kapitalsbedarf des Marktes zu decken.

Es wird nun weiter vorgeschlagen, Banken für die Hergabe zweitstelliger Hypothekendarlehen nach Art der Hypothekenbanken oder in Angliederung an die bestehenden Hypothekenbanken zu schaffen. Dieser Vorschlag scheint nicht unbeachtlich; seine wirksame Durchführung wäre sicherlich geeignet, dem Markte erhebliche Kapitalien für die Anlage in zweiten Hypotheken zuzuführen. Trotzdem dürfte dieser Plan jedenfalls für die nächste Zeit nicht ausführbar sein. Abgesehen davon, daß unter den seit einiger Zeit herrschenden schwierigen Geldverhältnissen am Hypothekenmarkte selbst die Pfandbriefe unserer bestehenden Hypothekenbanken, welche durch erststellige Hypotheken gedeckt sind, recht schwer unterzubringen sind, spricht gegen diesen Vorschlag die

Erwägung, daß selbst unter besseren Geldverhältnissen Pfandbriefe, welche durch Hypotheken gedeckt sind, die an zweiter Stelle rangieren, in Kreisen der Kapitalisten wenig Gegenliebe finden dürften. Pfandbriefe sind nichts anderes, als mobilisierte Hypothekenforderungen. Wer also Pfandbriefe erwirbt, tut dies in dem Bewußtsein, daß seine Forderung, wenn auch nur mittelbar, hypothekarisch sichergestellt ist. Der Vertrieb derartiger Pfandbriefe, denen zweitstellige Hypotheken als Unterlage dienen, wird also z. Zt. auf dieselben Schwierigkeiten stoßen, mit welchen die Erlangung zweiter Hypotheken verknüpft ist.

Allen derartigen Versuchen, dem Markte die erforderlichen Kapitalien zuzuführen, mußte aber der Erfolg versagt bleiben, weil nicht Mangel an bereiten Kapitalien, sondern das Bewußtsein der mangelnden Rechtssicherheit die Ursache der vorhandenen Mißstände ist. Mag das Gesetz dem Hypothekengläubiger nur hinreichenden Schutz gewähren, so wird man recht bald die Erfahrung machen, daß das Privatpublikum wieder ausreichende Mittel für die Bedürfnisse des Hypothekenmarktes zur Verfügung stellen wird.

Wir haben es uns deshalb zur Aufgabe gemacht, die wesentlichen Mängel des Gesetzes zu schildern und alsdann Vorschläge zur Besserung zu machen. Es ist keineswegs unsere Absicht, in die Tiefen juristischer oder wirtschaftlicher Betrachtungen zu dringen; wir wollen vielmehr lediglich darlegen, welche Erfahrungen die Praxis gezeitigt hat und wollen versuchen, praktische

Vorschläge zu machen, die zu einer Gesundung des Grundstücksmarktes beitragen könnten.

Wir wollen die Mängel des Gesetzes und im Anschluß daran unsere Vorschläge in nachfolgender Reihenfolge darlegen:

I. Abtretung, Verpfändung und Pfändung von Miets- und Pachtzinsen,

II. Eigentumsvorbehalt und sonstige Rechte dritter Personen an Zubehörteilen des Grundstücks,

III. Abbruch von Gebäuden ohne Wissen des Hypothekengläubigers,

IV. Abtretung der Hypothek für die Zinsforderungen,

V. Mängel des Zwangsversteigerungsverfahrens:
   a) der Inhalt der öffentlichen Bekanntmachung,
   b) die Sicherheitsleistung im Bietungstermin,
   c) die Aussetzung des Zuschlages.

A. Die Mängel des Gesetzes.

I.

Die Verfügung des Eigentümers über Miet- und Pachterträgnisse.

Die in der Hypothek zum Ausdruck gelangende Verpfändung bezieht sich in erster Linie auf das Grundstück selbst, d. h. auf den Wert des Grund und Bodens und der auf diesem errichteten Gebäude. Darüber hinaus hat aber das Gesetz den Kreis der Gegenstände, die für die Hypothek haften, erweitert und zwar in erster Linie auf die Haftung der Miets- und Pachterträgnisse für die Hypothek.

Das Bürgerliche Gesetzbuch bestimmt in § 1123:

„Ist das Grundstück vermietet oder verpachtet, so erstreckt sich die Hypothek auf die Miet- oder Pachtzinsforderung."

Danach hat es den Anschein, als unterlägen Miet- oder Pachtzinsforderungen uneingeschränkt dem Zugriffe der Hypothekengläubiger. Das Gesetz umgibt aber — wie dies häufiger vorkommt — diese Vorschrift mit so vielen Einschränkungen, daß der in ihm ausgesprochene Grundsatz fast völlig aufgehoben wird.

§ 1124 Abs. 1 BGB. bestimmt nämlich, daß die Mieten von der Haftung für die Hypothek frei werden, wenn über sie „verfügt" ist, sei es durch Einziehung seitens des Eigentümers, sei es durch Abtretung oder durch Pfändung. Dieser Satz wird allerdings zugunsten der Hypothekengläubiger im Absatz 2 durchbrochen; hier heißt es nämlich:

„Die Verfügung ist dem Hypothekengläubiger gegenüber unwirksam, soweit sie sich auf den Miet- oder Pachtzins für eine spätere Zeit als das zur Zeit der Beschlagnahme laufende und das folgende Kalendervierteljahr bezieht."

Diese Bestimmung soll den Hypothekengläubiger schützen. Tatsächlich aber gewährt sie diesen Schutz nicht in ausreichendem Maße.

Man muß sich vergegenwärtigen, auf welche Weise ein Hypothekengläubiger, dessen Forderung nicht vereinbarungsgemäß befriedigt wird, das Pfandrecht, das ihm durch die Bestellung der Hypothek an den Mieten eingeräumt wird, verwirklicht.

Im allgemeinen gibt es drei Wege, auf denen eine Vollstreckung vorgenommen werden kann:

a) der Hypothekengläubiger pfändet die Mieten; dann hat er lediglich die Stellung eines gewöhnlichen Pfändungsgläubigers, d. h. er kann nur dann die Mieten einziehen, wenn sie nicht abgetreten, verpfändet oder anderweit gepfändet sind. Dieses Verfahren kommt für uns nicht in Frage, da es kein Akt der dem Hypothekenrecht eigentümlichen Vollstreckung in das unbewegliche Vermögen ist.

b) die Zwangsversteigerung kommt für die Vollstreckung in die Mieten ebenfalls nicht in Frage, denn sie ergreift nur die Substanz des Grundstückes und der Gebäude, nicht auch Miet- und Pachtzinsforderungen. (§ 21 des Reichsgesetzes über die Zwangsversteigerung und die Zwangsverwaltung: — Zw. V. G. —). Der Grundstückseigentümer kann also trotz der Anordnung der Zwangsversteigerung die Miete bis zur Erteilung des Zuschlags weiter erheben. Sind die Mieten verpfändet oder abgetreten, so stehen sie dem Zessionar oder dem Pfandgläubiger und nicht dem die Zwangsversteigerung betreibenden Hypothekengläubiger zu.

c) der Hypothekengläubiger beantragt Zwangsverwaltung; dann fließen die Mieten in die Verteilungsmasse, aber dies auch nur mit der Einschränkung, daß Mieten des laufenden und des folgenden Kalendervierteljahres an einen Dritten zu zahlen sind, wenn sie ihm abgetreten, verpfändet oder von ihm gepfändet sind. (§ 1124 Abs. 2 BGB.)

Nur der Weg der Zwangsverwaltung gibt also dem Hypothekengläubiger die Möglichkeit, an die Grundstückserträgnisse heranzukommen. Dieser Weg erscheint auf den ersten Blick als ein ausreichender Schutz, und es hat den Anschein, als ob das Recht des Eigentümers, über die Mieten für das bei der Beschlagnahme laufende und das folgende Kalendervierteljahr mit Wirksamkeit gegen den Hypothekengläubiger zu verfügen, diesen nicht allzu sehr beschwere. Bei näherer Prüfung ergibt sich aber aus dieser Bestimmung ein großer Nachteil für den Hypothekengläubiger; denn für die Bewilligung des Darlehns ist in der Regel nicht nur der Realwert, sondern in gleich hohem Maße die Persönlichkeit des Eigentümers, seine Kreditfähigkeit und Kreditwürdigkeit und vor allem der Ertragswert des Grundstücks bestimmend. Diese Tatsachen finden aber im Gesetz nicht die richtige Würdigung, da die vornehmste Sicherheit die Erträgnisse sind. Die Erträgnisse des Grundstücks werden aber dem Hypothekengläubiger durch unlautere Manöver des Eigentümers in vielen Fällen entzogen.

Während diese Zeilen niedergeschrieben wurden, haben die Ältesten der Kaufmannschaft von Berlin eine Eingabe an das Reichsjustizamt gerichtet, die sich ausschließlich mit der Frage der Haftung der Mietserträgnisse für die Hypothek beschäftigt. Von dieser Eingabe soll noch an anderer Stelle die Rede sein. Hier mögen zunächst nur einige Sätze aus ihr wiederholt werden, die die Mängel der in Frage stehenden Gesetzesbestimmungen treffend kennzeichnen:

„Der Fehler des geltenden Rechts liegt darin, daß es den wirtschaftlichen Zusammenhang zwischen Miet- und Pachtzinsen einerseits und Hypothekenzinsen andererseits gelöst hat. Die Miet- und Pachtzinsen sind wirtschaftlich zur Deckung der Hypothekenzinsen bestimmt. Sie sind als Grundlage des Ertrages maßgebend für den Wert des Grundstücks und die Höhe der Beleihung und müssen deshalb auch für die Zinszahlung jederzeit verfügbar sein."

In der Tat ist das der springende Punkt. Der Eigentümer rechnet darauf, daß er, wenn der persönliche Schuldner zahlungsunfähig wird, seine Zinsen aus den in dem Zinsquartal fälligen Mieten erhalten werde. Das ist aber fast niemals der Fall, denn Miet- und Pachtzahlungen sind in der Regel, besonders bei städtischem Grundbesitz, am Anfang des Vierteljahrs zu leisten, während die Hypothekenzinsen meistens erst an dessen Schluß fällig sind. Die Mieten des Vierteljahrs, für die die Zinsen verschuldet werden, erhält der Hypothekengläubiger also in der Regel nicht, denn diese sind bereits vorher eingezogen worden. Die Lage des Hypothekengläubigers verschlechtert sich häufig weiter noch dadurch, daß der Eigentümer, welcher sich in Zahlungsschwierigkeiten befindet, meistens über die Mietsforderungen als eines seiner letzten Vermögensobjekte bereits weitgehend verfügt hat. Diese Verfügung muß der Hypothekengläubiger aber gemäß § 1124 BGB. für das laufende und das folgende Kalendervierteljahr gegen sich gelten lassen. Sie wirkt nach den Entscheidungen des Reichsgerichts auch weiter gegen den künftigen Ersteher des Grundstücks in der Weise, daß dieser Pfändungen für das zur Zeit des Zuschlages laufende und folgende Vierteljahr gegen sich gelten lassen muß, und zwar auch dann, wenn Zwangsverwaltung bestanden hatte. Die sich hieraus ergebenden Folgen zeige ein Beispiel:

Der Hypothekengläubiger soll am 1. April seine Zinsen für das erste Vierteljahr erhalten. Die Zahlung erfolgt nicht, auch nicht innerhalb der üblichen Respektfrist von acht Tagen. Er beantragt nunmehr Zwangsverwaltung. Nach deren Anordnung stellt der Verwalter fest, daß die am 1. April fälligen Mieten eingezogen, die für das dritte Vierteljahr bis Ende September fälligen Mieten abgetreten sind und beantragt, von dem betreibenden Gläubiger Vorschuß einzufordern. Der Zwangsverwalter kann also frühestens die am 1. Oktober fälligen Mieten einziehen.

In der Praxis hat sich nun gezeigt, daß der nicht an erster Stelle eingetragene Hypothekengläubiger bei der Zwangsverwaltung fast ausnahmslos die laufenden Zinsen nicht erhält, ja, daß er sogar häufig noch obendrein lange Zeit dem Zwangsverwalter Vorschuß leisten muß; denn in denjenigen Fällen, in denen zugleich mit der Zwangsverwaltung die Zwangsversteigerung angeordnet ist, findet in der Regel die Versteigerung vor dem Schluß des „folgenden Kalendervierteljahrs" statt, so daß die Zwangsverwaltung in den Fällen, in denen der Grundstückseigentümer im Voraus verfügt hat, keine

Erträgnisse abwirft. Wird die Zwangsversteigerung nicht beantragt, so müssen aus den Erträgnissen des Grundstückes zunächst die Kosten der Verwaltung, die laufenden Unkosten, die Abgaben und alsdann erst die Zinsansprüche der Hypothekengläubiger, und zwar in der Reihenfolge ihres Ranges, befriedigt werden. Alle diese Summen sind in der Regel aber so groß, daß kaum die Zinsen des ersten Hypothekengläubigers, geschweige denn die der nachfolgenden, aus den Einnahmen bestritten werden können. Dazu kommt noch, daß die Erträgnisse der unter Zwangsverwaltung stehenden Grundstücke erfahrungsgemäß zurückgehen. Denn bei aller Anerkennung für die sorgfältige Amtsführung der Zwangsverwalter kann man nicht leugnen, daß ein Verwalter, der eine große Anzahl von Häusern zu gleicher Zeit zu verwalten hat, unmöglich dieselbe Sorgfalt auf die Verwaltung jedes einzelnen Hauses zu verwenden vermag wie der Eigentümer.

Trotzdem nun die Zwangsverwaltung in den meisten Fällen unbefriedigende Ergebnisse zeitigt, kann der Hypothekengläubiger doch nicht in die Aufhebung der Zwangsverwaltung einwilligen, ohne sich selbst zu schädigen, und zwar selbst dann nicht, wenn er immer wieder Vorschuß zahlen müßte. Denn die Aufhebung der Zwangsverwaltung würde seine Lage noch weiter verschlechtern, weil dann die Pfändungen, die vor der Beschlagnahme herausgebracht waren und durch diese auf das laufende und das folgende Vierteljahr beschränkt waren, mit der Aufhebung der Zwangsverwaltung in vollem Umfange aufleben, und weil der Eigentümer nunmehr von neuem über die Mieten verfügen kann. Die Hypothekengläubiger haben also ein Interesse daran, die Zwangsverwaltung solange bestehen zu lassen, bis das Zwangsversteigerungsverfahren beendet ist; denn während des Bestehens der Zwangsverwaltung ist dem Eigentümer die Möglichkeit genommen, über die Mieten zu verfügen.

Aus alledem ergibt sich, daß die Haftung der Mieten für die Hypothek im Grunde genommen lediglich auf dem Papier steht; denn dem Hypothekengläubiger ist das wichtigste Recht, das ihm zustehen könnte, versagt: es fehlt ihm der unbedingte Anspruch, die laufenden Mieten selbst im Wege der Zwangsverwaltung einzuziehen; er muß vielmehr hinter Zessionaren und Pfändungsgläubigern zurückstehen.

Gegen diese Ausführungen ließe sich nun einwenden: der Hypothekengläubiger könne sich gegen solche Gefahren durch geschickte Abfassung des Darlehnsvertrages und der Eintragungsbewilligung schützen; er brauche nur zu vereinbaren, daß die Hypothekenforderung ohne Kündigung fällig werde, wenn die Mieten abgetreten oder verpfändet würden, oder wenn irgendwelche Vollstreckungsmaßregeln gegen die Mieten erfolgen; außerdem müßte er sich bei der Bestellung der Hypothek die Vollstreckungsklausel einräumen lassen. Die Vollstreckungsklausel setzt den Hypothekengläubiger allerdings in die Lage, die Zwangsverwaltung sofort zu beantragen und ihre Anordnung sehr schnell zu bewirken. Trotzdem ist der praktische Vorteil, der hierdurch erreicht wird, nur sehr gering einzuschätzen. Denn einmal wird der Hypothekengläubiger nur in den seltensten Fällen sofort von der Verfügung des Eigentümers über die Mieten oder von deren Pfändung Kenntnis erhalten; wenn er aber selbst sofort davon erfährt, ist er um nichts besser gestellt, denn auch dann gehen Zessionare oder Pfändungsgläubiger für das laufende und das folgende Kalendervierteljahr im Range vor.

Es dürfte sich aber erübrigen, auf einen solchen Akt der Selbsthilfe hier näher einzugehen; denn unsere Aufgabe soll nicht darin bestehen, zu prüfen, ob der Hypothekengläubiger sich mit Hilfe eines sehr geschickt abgefaßten Vertrages gegen alle irgendwie denkbaren Winkelzüge des Eigentümers oder gegen dessen persönlichen Gläubiger schützen kann; vielmehr soll für uns nur die Erwägung maßgebend sein, daß der derzeitige Stand der Gesetzgebung überhaupt solche Machenschaften ermöglicht; denn nach unserer Ansicht krankt der Grundstücksmarkt vornehmlich daran, daß auch derjenige Hypothekengläubiger, der seine Verträge unter Berücksichtigung aller gesetzlichen Bestimmungen und in Kenntnis aller einschlägigen Entscheidungen abschließt, trotzdem fürchten muß, daß der geriebene Vertragsgegner irgendein Hintertürchen findet, durch das er ihm entschlüpft. Die Vertragsformulare der großen Kapitalgeber haben einen unglaublichen Umfang angenommen, für alle möglichen Fälle sind Bestimmungen getroffen, und trotzdem gelingt es findigen Schuldnern immer wieder, den Hypothekengläubiger zu schädigen.

So steht es bei den großen Geldgebern, die ihre Verträge als erfahrene Sachkenner unter Zuziehung gewiegter Juristen schließen Naturgemäß findet der Mann aus dem Publikum, der gelegentlich sein Kapital zur sicheren Anlegung auf Hypotheken ausleiht, nicht die Wege, sich in dieser Weise zu schützen; er läßt sich die Hypothek auf Grund einer einfachen formularmäßigen Bewilligung bestellen und verliert recht häufig dann sein Geld. Die notwendige Folge ist eben das große Mißtrauen des Publikums gegen die Anlage seines Kapitals in Hypotheken, zumal wenn diese nicht an erster Stelle stehen. Die dauernde Besserung der Verhältnisse des Grundstücksmarkts ist aber nur dann möglich, wenn auch der kleine

Kapitalist wieder Vertrauen zur Anlegung seines Geldes in hypothekarisch gesicherten Darlehen gewinnt. Aus diesem Grunde sind hier die schädlichen Folgen, die sich insbesondere aus dem § 1124 BGB. ergeben, hervorgehoben worden. Diese Erwägungen sind aber auch für die ferneren Darlegungen wesentlich. Eine Besserung der bestehenden Mißstände ist nur denkbar, wenn durch eine Änderung der Gesetzgebung, durch Schaffung ganz präziser Bestimmungen Wandel geschaffen wird.[1])

II.

Der Eigentumsvorbehalt und andere Rechte dritter Personen an Zubehörstücken des Grundstücks.

Eine weitere Gefahr, von der alle Hypothekengläubiger im gleichen Maße bedroht sind, liegt darin, daß häufig, besonders bei Neubauten, neu erbauten Fabrikgrundstücken und anderen Grundstücken, die gewerblichen Zwecken

[1]) Eine Berliner Zeitung brachte jüngst die Mitteilung von einer neuen Machenschaft zu Ungunsten des Hypothekengläubigers. Der Hauseigentümer habe seinem Bruder gestattet, mehrere Wohnungen im eigenen Namen zu vermieten. Dadurch seien die Hypothekengläubiger geschädigt; denn diesen haften die Mietzinsen nur, soweit sie dem Eigentümer zuständen. Diese Mitteilung beruht ersichtlich auf einem Mißverständnis, denn in Wirklichkeit haften die Mieten — allerdings mit den oben dargelegten Einschränkungen — den Hypothekengläubigern, gleichviel, ob die Mietverträge von dem Eigentümer, dem Nießbraucher oder einem Dritten abgeschlossen sind.

dienen, wenn es zur Zwangsversteigerung kommt, von dritten Personen Ansprüche auf einzelne Gegenstände gemacht werden, die sich auf dem Grundstücke befinden und die, wären sie im Eigentum des Grundstückseigentümers, für die Hypothek haften würden. Die Intervention kann sich in solchen Fällen auf drei verschiedene Behauptungen stützen. Nämlich: der Intervenient habe sich das Eigentum vorbehalten, oder das Eigentum sei ihm sicherungshalber übertragen worden, oder er habe die betreffenden Gegenstände dem Grundstückseigentümer nur zum einstweiligen Gebrauch als Miete, Leihe oder dergleichen überlassen.

Die rechtliche Grundlage für diese Frage gibt § 1120 in Verbindung mit §§ 93 ff. BGB.; danach erstreckt sich die Haftung für die Hypothek auf folgende Gegenstände:

1. Grund und Boden,
2. die Gebäude (mit wenigen Ausnahmen, die nicht hierher gehören § 95 BGB.),
3. diejenigen Gegenstände, die wesentliche Bestandteile des Grundstückes sind,
4. diejenigen, die Zubehörstücke sind und dem Grundstückseigentümer gehören.

Für unsere Betrachtungen kommen allein die unter Ziffer 3 und 4 angeführten Bestimmungen in Frage.

Zunächst sind die subtilen Unterschiede, die das Gesetz zwischen wesentlichen Bestandteilen und Zubehörstücken macht, zu beleuchten. Diese Begriffe spielen im Hypothekenrecht eine sehr große Rolle; denn an wesentlichen Bestandteilen kann niemand anders, als der Grundstückseigentümer Eigentum haben, während Zubehörstücke frei veräußert werden können. Wenn also z. B. der Ersteher des Grundstückes nachweisen kann, daß eine auf dem Grundstück stehende Maschine dessen wesentlicher Bestandteil geworden ist, so kann der Lieferant der Maschine keinerlei Ansprüche auf diese geltend machen, während dies bei einer Maschine, die nur als Zubehör anzusehen ist, sehr wohl geschehen kann. Wesentliche Bestandteile sind gemäß § 93 BGB. diejenigen Bestandteile einer Sache, „die von einander nicht getrennt werden können, ohne daß der eine oder andere zerstört oder in seinem Wesen verändert wird". Nach § 94 BGB. gehören zu den wesentlichen Bestandteilen eines Grundstücks die mit dem Grund und Boden fest verbundenen Gegenstände, also besonders die Gebäude und „die zur Herstellung des Gebäudes eingefügten Sachen". Sachen, die nur zu einem vorübergehenden Zwecke in ein Gebäude eingeführt sind, gehören nicht zu den Bestandteilen des Gebäudes (§ 95). Zubehörstücke sind dagegen bewegliche Sachen, die, ohne Bestandteile der Hauptsache zu sein, dem wirtschaftlichen Zwecke der Hauptsache zu dienen bestimmt sind, zu ihr in einem dieser Bestimmung entsprechenden Verhältnisse stehen und im Verkehr als Zubehör angesehen werden (§ 97 BGB).

Die Folgerungen, die sich aus diesen feinen Unterschieden ergeben, lassen sich für die Praxis am besten an dem häufig erörterten Fall des Eigentumsvorbehalts an Maschinen betrachten. Bei der Beleihung von Fabrikgrundstücken ist nicht nur der Grund und Boden nebst Gebäuden für die Höhe des Darlehns wesentlich; vielmehr kommt der gesamte Wert der ganzen „Fabrik" in Ansatz, d. h. die Gebäude werden so, wie sie sich mit ihren Kraft- und Betriebsmaschinen repräsentieren, abgeschätzt. Nun hat sich die Übung herausgebildet, daß häufig Maschinen auf Abzahlung gekauft werden, und daß der Lieferant sich das Eigentum an den Maschinen bis zur Zahlung des ganzen Kaufpreises vorbehält. Daran wäre vom Standpunkt des Hypothekengläubigers an sich nichts auszusetzen, wenn er davon rechtzeitig, also vor der Hingabe des Darlehns, in Kenntnis gesetzt würde. Dies ist aber in der Praxis regelmäßig nicht der Fall. Der Grundstückseigentümer weist bei dem Gesuch um das Hypothekendarlehn auf seine fertig eingerichtete und betriebsfähige Fabrik hin, die mit ihrer maschinellen Einrichtung ausreichende Sicherheit biete. Der Darlehnsgeber kann den Maschinen natürlich nicht ansehen, daß sie unter Eigentumsvorbehalt übergeben sind; er zieht deshalb ihren Wert bei seiner Schätzung in Betracht und erfährt erst im Zwangsversteigerungsverfahren, daß die Maschinen in fremdem Eigentum stehen. Der Eigentumsvorbehalt an Maschinen in Fabrikgrundstücken hat in der öffentlichen Erörterung im Vordergrunde gestanden. Es wäre aber unzutreffend, wenn man annehmen würde, daß der Eigentumsvorbehalt an Maschinen nur für Fabrikgrundstücke in Frage kommt, denn darüber hinaus werden bei allen Bauten, die gewerblichen und industriellen Zwecken dienen, solche Geschäfte geschlossen; ja sogar bei Wohnhäusern behält sich vielfach der Lieferant der Kessel für die Zentralheizung das Eigentum an diesen vor.

Es ist bekannt, daß das Reichsgericht anfänglich in der Ausdehnung des Begriffs „wesentlicher Bestandteil" sehr weit gegangen ist und dadurch den Realgläubigern einen recht weitgehenden Schutz geboten hat. Neuerdings ist aber das Reichsgericht unverkennbar von seinem Standpunkt mehr und mehr abgegangen und hat die Frage, ob eine Maschine als wesentlicher Bestandteil zu betrachten sei, immer häufiger verneint. Es verlangt in einer Entscheidung vom 2. November 1907 für den Begriff des wesentlichen Bestandteils, daß Gebäude und

Maschine miteinander derartig vereinigt sind, daß nach der Verkehrsauffassung nur eine Sache „und zwar in Gestalt des für den betreffenden gewerblichen Betrieb dauernd eingerichteten Gebäudes vorliegt“ (Entsch. des Reichsgerichts in Zivilsachen Bd. 67 S. 30 ff.). Mit diesem Urteil hat das Reichsgericht einen ganz neuen Faktor in den Kreis derjenigen Tatsachen einbezogen, die für die Entscheidung nach den wesentlichen Bestandteilen maßgebend sein sollen; denn es verlangt, daß die Maschinen „nach der Verkehrsauffassung“ als untrennbare Grundstücksbestandteile angesehen werden müssen. Die Folge davon ist, daß die Haftung der Maschinen für die Hypothek in sehr vielen Fällen aufgehoben ist, denn wenn die Maschinen nicht wesentliche Bestandteile sind, so sind sie Zubehörstücke. Diese haften aber dem Hypothekengläubiger nur dann, wenn sie im Eigentum des Grundstückseigentümers stehen (§ 1120 am Ende BGB.).

Das eben erwähnte Urteil des Reichsgerichts und die folgenden, die auf demselben Standpunkt stehen, zum Teil sogar noch darüber hinausgehen, sind von den Maschinenlieferanten als ein erfreuliches Ergebnis begrüßt worden. Die Interessenten des Grundstücksmarktes haben dagegen feststellen müssen, daß die Lage der Realgläubiger durch diese Entscheidungen erheblich verschlechtert worden ist.

Man kann allerdings nicht leugnen, daß der Maschinenindustrie mit dem Standpunkt, den das Reichsgericht in dieser Frage neuerdings einnimmt, sehr genützt ist. Auf der anderen Seite darf aber auch nicht verkannt werden, daß die Realgläubiger dadurch auf das Empfindlichste geschädigt werden. Es ist hier nicht der Ort, die rechtlichen Grundlagen der Entscheidungen einer Kritik zu unterziehen. Wir wollen vielmehr lediglich darauf hinweisen, daß der Standpunkt des Reichsgerichts vielfach den wirtschaftlichen Verhältnissen nicht gerecht wird; denn der Maschinenlieferant wird durch die Möglichkeit, sich das Eigentum vorzubehalten, gegenüber anderen Baulieferanten unbillig bevorzugt. Wir reihen die Maschinenlieferanten mit voller Absicht in den Kreis der Baulieferanten ein, denn ein Fabrikgebäude wird in der Regel für einen bestimmten Betrieb errichtet oder doch dafür umgebaut. Ohne die Maschinen ist das Gebäude für den Eigentümer meistens ebensowenig eine Fabrik, wie ein Haus ohne Wasser, Heiz- und Klosettanlage ein Wohnhaus sein kann. Keiner von allen anderen Baulieferanten kann sich in dem Maße durch den Eigentumsvorbehalt schützen, wie der Maschinenlieferant. Es ist deshalb nicht einzusehen, aus welchem Grunde man gerade ihm eine so bevorzugte Stellung einräumen will.

Wenn im Vorstehenden gesagt ist, alle anderen Lieferanten können sich nicht in dieser Weise schützen, so darf das nur mit einer Einschränkung verstanden werden, denn es liegt auf der Hand, daß auch andere an der Ausführung von Grundstücken mit Lieferungen beteiligte Personen versuchen, für sich die günstige Lage der Rechtsprechung auszunutzen. So wird neuerdings — zumal in Berlin — mit Erfolg versucht, die Bestimmung der §§ 93, 94 BGB. durch Abschluß von Miet- und Leihverträgen zu umgehen. Als Beispiel führen wir folgenden Fall an:

Eine Klempnerfirma in Groß Berlin vermietet dem Eigentümer die für seinen Neubau benötigten Badeeinrichtungen zunächst auf ein Jahr, stellt die Badewannen nebst Zu- und Abflußleitung, Ofen, Zementuntersatz, Schornsteinanschlußrohr in den dafür vorgesehenen Baderäumen gegen einen Mietspreis auf, der etwa 40 % des Wertes einer solchen Anlage ausmacht. Der Hauseigentümer nimmt Darlehen auf, die den beleihungsfähigen Wert des Grundstückes, „wie es liegt und steht" erschöpfen, wobei der Darlehnsgeber den gesamten Wert des Grundstücks, also auch den der Badeeinrichtungen, in Betracht zieht. Wird die Zwangsversteigerung eingeleitet, so interveniert der Lieferant der Badeeinrichtungen. Es erscheint allerdings sehr zweifelhaft, ob man die Eigenschaft einer solchen Badeeinrichtung als eines wesentlichen Bestandteils verneinen kann; denn sie kann nicht entfernt werden, ohne daß das Badezimmer und seine Wände demoliert werden, vor allem, ohne daß es seine Bestimmung als Badezimmer verliert. Das Kammergericht hat aber in verschiedenen Fällen die Badeeinrichtungen als nicht wesentliche Bestandteile angesehen und auf die Intervention des sogenannten „Vermieters" den betreffenden Gläubiger zur Freigabe verurteilt, indem es besonders hervorhob, die Badeeinrichtungen seien nur zu einem vorübergehenden Zwecke aufgestellt; nach § 95 BGB. wird aber eine Sache, die nur zu einem vorübergehenden Zwecke eingefügt sei, nicht wesentlicher Bestandteil. Wir wollen auf die Rechtsfrage nicht näher eingehen; es sei deshalb nur kurz darauf hingewiesen, daß in solchen Fällen § 95 BGB. deswegen nicht zur Anwendung kommen kann, weil die Badeeinrichtungen zwar für eine vorübergehende Zeit, nämlich für die Dauer des Vertrages mit dem Lieferanten der Badeeinrichtungen, nicht aber für einen vorübergehenden Zweck aufgestellt werden; denn der Zweck, der mit der Aufstellung der Badeeinrichtungen verfolgt wird, ist der, aus dem betreffenden Raume ein Badezimmer zu machen und dadurch gleichzeitig ein besseres Mietsergebnis zu erzielen; dieser Zweck bleibt für alle Zeit bestehen. Für uns muß es aber genügen, darauf hinzuweisen, daß auch mit dieser Machenschaft versucht wird, dem Hypothekengläubiger Pfandobjekte, die seinem Zugriffe nach dem Sinne des Gesetzes und nach seiner Risikoberechnung unterstehen sollten, zu entziehen. Die Beträge, um die es sich hier handelt, sind recht erheblich, denn in den meisten Fällen ist der Hypothekengläubiger um 5000 M. bis 10000 M. geschädigt worden.

III.

Der Abbruch von Gebäuden ohne Wissen der Hypothekengläubiger.

Es ist bereits mehrfach darauf hingewiesen worden, daß der Realgläubiger nicht nur Grund und Boden, sondern auch die auf diesem errichteten Gebäude bei der Einschätzung der Beleihungsfähigkeit in Betracht zieht. Es bedeutet daher eine schwere Schädigung des Hypothekengläubigers, wenn die Gebäude abgerissen und nicht neuerrichtet werden. Diese Erwägung hat in den §§ 1133 und 1134 BGB. ihre gesetzgeberische Würdigung gefunden. Nach diesen Bestimmungen kann der Hypothekengläubiger, wenn infolge einer Verschlechterung des Grundstückes die Sicherheit der Hypothek gefährdet ist, dem Eigentümer eine angemessene Frist zur Beseitigung der Gefährdung bestimmen und nach erfolgtem Ablauf der Frist sofort Befriedigung aus dem Grundstücke suchen, wenn ihm nicht anderweit Sicherheit geleistet wird (§ 1133 BGB.).

Er kann auch auf Unterlassung klagen, wenn der Eigentümer oder ein Dritter auf das Grundstück in einer solchen Weise einwirkt, daß eine Verschlechterung des Grundstückes zu befürchten steht (§ 1134 Abs. 1). Endlich kann das Gericht auf Antrag des Hypothekengläubigers „die zur Abwendung der Gefährdung erforderlichen Maßnahmen" anordnen (§ 1134 Abs. 2). Diese Bestimmungen nehmen sich zwar in der Theorie sehr schön aus; sie sind aber praktisch wenig zu brauchen, denn in den seltensten Fällen, insbesondere in der Großstadt, erfährt ein Hypothekengläubiger davon, daß das Haus abgerissen wird, geschweige denn, daß ein Abriß geplant ist. Das leuchtet ohne weiteres ein, wenn man bedenkt, daß der Hypothekengläubiger sehr häufig nicht in der Nähe des beliehenen Grundstückes wohnt. Erfährt er von den Abbruchsarbeiten nach deren Beginn, so nützen ihm alle schönen Bestimmungen nichts mehr. Denn einmal ist das Haus schon mit dem Auszuge der Mieter und dem Beginn der Abbruchsarbeiten entwertet, ferner aber wird es in den meisten Fällen nicht möglich sein, eine einstweilige Verfügung oder gar ein Urteil schnell genug zu erwirken. Wenn aber der Hypothekengläubiger selbst die gerichtlichen Maßregeln schnell genug erwirkt hat, so wird er damit häufig praktisch nichts anfangen können; denn in der Stadt geht die Sache gewöhnlich so vor sich, daß der Eigentümer den Abbruch einem Unternehmer überträgt. Dieser und nicht der Eigentümer nimmt den Abbruch vor, und zwar im eigenen Namen und auf eigene Rechnung. Der Hypothekengläubiger, der eine einstweilige Verfügung beantragen will, befindet sich deshalb in sehr übler Lage. Erwirkt er die Verfügung gegen den Eigentümer, so bleibt sie wirkungslos, wenn der Abbruch dem Unternehmer übertragen ist; geht er gegen den Unternehmer vor, so riskiert er dessen Widerspruch und Abweisung, wenn nachgewiesen wird, daß der Unternehmer nicht auf eigene Rechnung, sondern nur als Werkunternehmer tätig ist. Der Hypothekengläubiger muß also, wenn er sicher gehen will, gegen beide, sowohl gegen den Eigentümer als auch gegen den Abbruchunternehmer, vorgehen und sich damit eventuell unnötige Kosten machen. Erreicht er aber sein Ziel, sodaß der Abbruch nicht fortgeführt wird, so ist er im Grunde genommen um nichts besser gestellt, denn das Grundstück ist und bleibt entwertet. Der Hypothekengläubiger kann zwar sofort Befriedigung verlangen, aber nicht den Wiederaufbau des Hauses und die ordnungsmäßige Vermietung. Der Weg der einstweiligen Verfügung bietet ihm also von vornherein wenig Aussicht auf Sicherung seiner Forderung.

IV.

Die Abtretung der Zinsansprüche vorstehender Hypotheken an dritte Personen.

Der Darlehnsgeber, der ein Grundstück an zweiter Stelle beleiht, berücksichtigt bei seiner Risikoberechnung die vor der ihm einzutragenden Hypothek bereits bestehenden Lasten. Er geht von der Berechnung aus, daß der regelmäßige Ertrag des Grundstückes ausreiche, um die Zinsen der ersten Stelle und seiner Hypothek sowie die laufenden Unkosten und Abgaben zu zahlen, und daß außerdem dem Eigentümer noch ein angemessener Überschuß verbleibe. Ebenso muß das Kapital des vorstehenden Gläubigers und das des zweiten im richtigen Verhältnis zum Grundstückswert stehen. Hierbei können dem Darlehnsgeber naturgemäß nur die im Grundbuch eingetragenen Kapitalsposten sowie die eingetragenen Zinsen als Grundlage dienen. Kommt es aber später zur Zwangsversteigerung, dann wird seine Berechnung nicht selten durchkreuzt.[1])

Der Eigentümer, der sich in Zahlungsschwierigkeiten befindet, läßt nämlich häufig die fälligen Zinsen durch einen Dritten an den ersten Hypothekengläubiger zahlen. Dieser Dritte veranlaßt den ersten Hypothekar, ihm gegen Zahlung der Zinsen den Anspruch, der dem ersten Hypothekengläubiger gegen den Eigentümer auf diese Zahlung zusteht, abzutreten. Das hat zur Folge, daß der zinszahlende Dritte in Höhe der von ihm gezahlten Beträge Hypothekengläubiger wird und als solcher den nachstehenden Hypothekengläubigern im Range vorgeht. Im allgemeinen kann zwar eine Hypothek nur durch schriftlichen Vertrag und durch Übergabe des Briefes (oder bei Buchhypotheken durch Eintragung in das Grundbuch) übertragen werden; deshalb kann in der Regel der Hypothekengläubiger nicht durch eine andere Person ersetzt werden, ohne daß dies nach außen hin erkennbar wird. Anders bei Zinsen. Zinsforderungen werden nicht nach den Regeln des Hypothekenrechts, sondern wie gewöhnliche Forderungen abgetreten, d. h. die Abtretung kann auch mündlich ohne jede Förmlichkeit erfolgen

[1]) Nach § 1119 BGB. kann der Zinssatz einer Hypothek ohne Zustimmung der gleich- oder nachstehenden Gläubiger auf fünf vom Hundert erhöht werden. Diese Bestimmung kann das Recht des nachstehenden Gläubigers unter Umständen stark beeinträchtigen; sie ist aber nicht allzu gefährlich, weil es sich um eine gesetzliche Vorschrift handelt, die der zweite Hypothekar nach seiner Risikoberechnung von vornherein in Betracht ziehen kann.

(§ 1159 BGB.). Mit der Abtretung der Zinsforderung geht aber auch dieser Teil der Hypothekensicherung auf den Zessionar ohne weiteres über (§ 401 BGB.). Der neue Gläubiger wird also wegen der Zinsen Hypothekengläubiger, der nachstehende Hypothekar erfährt davon nichts. Zu welchen Konsequenzen dies führen kann, zeigt folgendes Beispiel:

> Auf einem in Charlottenburg belegenen Grundstück mit einem effektiven Mietsertrage von jährlich *M* 18 000.— war hinter der I. Hypothek von *M* 200 000.— à $4^1/_2$ % eine II. Hypothek von *M* 40 000.— à 5 % jährlicher Zinsen eingetragen. Die Zinsen der ersten Hypothek waren regelmäßig auf Veranlassung des Grundstückseigentümers von dritter Seite gezahlt und an diese abgetreten, die Mieten waren auf 5 Monate abgetreten. Durch diese gesetzlich unanfechtbaren Manipulationen des Grundstückseigentümers rangierte bei der Zwangsversteigerung der zweite Gläubiger nun

1. hinter der I. Hypothek von *M* 200 000.— nebst den laufenden Zinsen für das I. Quartal von zusammen	*M* 202 500.—
2. den abgetretenen, auf 2 Jahre rückständigen Zinsen mit . . .	*M* 18 000.—
und schließlich ist er, wenn er seine Forderung verteidigen und mit derselben das Grundstück erstehen mußte noch um die abgetretenen Mieten geschädigt im Betrage von	*M* 7 500.—
sodaß er tatsächlich nach . . .	*M* 228 000.—

rangierte.

Will der Gläubiger der II. Hypothek nun, um sein Geld zu retten, das Grundstück erstehen, so muß er nicht nur die rückständigen und laufenden Zinsen im Betrage von *M* 20 500.— flüssig machen, sondern einschließlich der Kosten des Zwangsversteigerungsverfahrens für Landes- und Reichsstempel und Umsatzsteuer weitere *M* 8 500.—, also insgesamt *M* 29 000.—. Wenn er nicht in der Lage ist, sich diese durchaus nicht unbedeutende Summe zu beschaffen, muß er in den meisten Fällen sein Kapital, das er nicht verteidigen kann, verlieren.

Hierbei ist zu berücksichtigen, daß die Gläubiger der ersten Hypothek in der Regel große Institute oder andere Personen sind, die zu solchen Machenschaften nicht die Hand bieten werden. Wenn also die Hypothekenzinsen für den Grundstückseigentümer dem Hypothekengläubiger von einem Dritten angeboten werden und dieser Dritte gegen Zahlung der Zinsen Abtretung der Zinsforderung gegen den Eigentümer verlangt, so wird dieses Begehren in sehr vielen Fällen abgelehnt werden; denn es ist klar, daß diese Art von Geschäften fast ausnahmslos zum Zwecke unlauterer Manipulationen vorgenommen werden soll. Aber auch gegen eine Ablehnung der Mitwirkung des ersten Hypothekengläubigers bei diesen Transaktionen haben die findigen Eigentümer ein Mittel gefunden; sie stellen dem ersten Hypothekengläubiger bei der Bestellung der Hypothek oder auch später einen Bürgen, der sich verpflichtet, für den richtigen Eingang der Forderung und Zinsen einzustehen. Wenn der passende Zeitpunkt herangekommen ist, zahlt statt des Eigentümers der Bürge die Zinsen. Mit dieser Zahlung geht die Forderung, die der Hypothekengläubiger gegen den Eigentümer hatte, kraft Gesetzes auf den Bürgen über (§ 774 Abs. 1 BGB.) und gleichzeitig damit auch dieser Teil der

Hypothekenforderung wegen der Zinsen auf ihn über; mit anderen Worten: Sobald der Bürge für den Grundstücksgläubiger die Zinsen bezahlt hat, erhält er in derselben Höhe eine Forderung gegen den Eigentümer; diese Forderung ist hypothekarisch gesichert und rangiert vor den nachstehenden Hypotheken. Der zinszahlende Bürge wird also, ohne daß es einer Mitwirkung des Hypothekars bedarf, ja selbst gegen dessen Willen, Hypothekengläubiger der Zinsforderung.

Gegen diese Gefahren schützen sich Banken und versierte Kapitalisten, indem sie sich das Recht ausbedingen, am Anfang eines jeden Vierteljahrs die Vorlegung einer Quittung zu verlangen, aus der sich ergibt, daß die Zinsen an den vorstehenden Hypothekengläubiger von dem Eigentümer *persönlich* gezahlt sind, und falls dies nicht geschieht, die Hypothek sofort fällig zu machen. Mit dieser Maßregel ist natürlich einer Abtretung der Zinsen an Dritte mit den oben dargelegten Wirkungen ein Riegel vorgeschoben. Aber auch hier gilt, was wir oben schon dargelegt haben: es kommt nicht darauf an, daß ein erfahrener Fachmann Wege finden kann, solche Schädigungen zu vermeiden, sondern darauf, daß derjenige, der sich auf die gesetzlichen Bestimmungen verläßt, nicht um sein Geld gebracht wird. Auch hier muß also eine Abhilfe geschafft werden, die *allgemeine* Besserung bringt; denn so lange das geschäftsungewandte Publikum überall Fallstricke fürchten muß und den einfachsten Hypothekenvertrag nicht ohne Unterstützung von Juristen schließen kann, wird das Kapital des breiten Publikums dem Grundstücksmarkte fern bleiben.

V.

Mängel im Zwangsversteigerungsverfahren.

Die ultima ratio des Hypothekengläubigers ist die zwangsweise Befriedigung aus dem Grundstück. Da die Zwangsverwaltung vielfach nicht einmal die Zinsen des ersten Hypothekars, geschweige denn das Kapital der zweiten Hypothek aufbringt, so muß der Antrag auf Anordnung der Zwangsversteigerung gestellt werden. Man sollte nun meinen, daß ein Hypothekengläubiger, der bei der Hingabe des Darlehns auch nur einigermaßen den Wert des Grundstückes berücksichtigt hat, hierbei unfehlbar zu seinem Gelde kommen muß. Wir haben aber schon verschiedene Umstände dargelegt, die das Recht des Hypothekengläubigers schmälern, wenn nicht ganz vernichten. Zu diesen bereits besprochenen Tatsachen können aber noch Mängel im Verfahren der Zwangsversteigerung den Hypothekengläubiger unbillig beschweren.

Allerdings kann nicht geleugnet werden, daß das Zwangsversteigerungsverfahren nach dem Gesetz vom 24. März 1897 (20. Mai 1898) sich im allgemeinen bewährt hat. Seine Grundprinzipien entsprechen den Bedürfnissen der Praxis; nur in wenigen, aber wichtigen Beziehungen zeigen sich Mängel.

a. Die Bekanntmachung der Zwangsversteigerung.

Der Zweck der Versteigerung ist der, unter möglichst weitgehender Wahrung der Interessen aller Beteiligten, der Gläubiger und des Schuldners, das Grundstück zu versilbern. Deshalb muß es das Ziel des Verfahrens sein, ein möglichst günstiges Verkaufsresultat zu erzielen. Die Versteigerung wird diesen Erfolg aber nur dann zeitigen können, wenn dafür eine möglichst große Anzahl von Kaufliebhabern interessiert wird, um Gebote erzielen zu können, die dem tatsächlichen Werte des Grundstückes möglichst nahekommen. Man macht aber in der Praxis immer wieder die Erfahrung, daß sich in dem Versteigerungstermin nur selten andere Personen als die Gläubiger und hin und wieder der Subhastat einfinden. Auf dem Lande und in kleinen Städten liegt dies zwar im allgemeinen nicht ganz so kraß, weil die in Frage kommenden Kaufinteressenten das zu versteigernde Grundstück in den meisten Fällen genau kennen. Anders ist dies aber in der Großstadt. Dort stehen täglich — in Groß-Berlin z. B. bei allen seinen vielen Amtsgerichten zu gleicher Zeit — Versteigerungstermine an. Es bedarf selbst für denjenigen, der ständig die Vorgänge auf dem Immobilienmarkt beobachtet, eines großen Aufwandes an Arbeit und Zeit, um festzustellen, ob die Beteiligung an einem bestimmten Bietungstermin für ihn Interesse haben könnte. Die Angaben der Bekanntmachungen reichen bei weitem nicht aus, um sich ein auch nur annähernd zutreffendes Bild von dem Grundstück machen zu können; denn aus der amtlichen Ankündigung kann der Leser nur Lage und Größe des Grundstücks, sowie dessen Veranlagung zur Grundsteuer entnehmen. In Erkenntnis dieser Schwierigkeiten besteht in Hamburg eine praktische Einrichtung, welche sich durchaus bewährt hat. Dort werden an die einzelnen Hausmakler und von diesen an diejenigen Kreise, die sich für den Erwerb von Grundstücken interessieren, Aufstellungen versandt, in denen die genauen Daten über das Grundstück, soweit diese für die Wertberechnung in Frage kommen, enthalten sind. Dieses Verfahren hat zur Folge, daß zu den Zwangsversteigerungen in Hamburg im Bietungstermin außer den Realgläubigern eine große Anzahl von Hausmaklern und Kaufliebhabern erscheinen, die sich an der Abgabe von Geboten beteiligen.

b. Die Sicherheitsleistung.

Eine weitere Schwierigkeit entsteht durch die Vorschriften über die Sicherheitsleistung. §§ 67 und 68 Zw. V. G. bestimmen, daß ein Beteiligter, dessen Recht durch Nichterfüllung des Gebots beeinträchtigt werden würde, von dem Bieter ein Zehntel des Bargebots als Sicherheit verlangen kann. Ist der Bieter Hypothekengläubiger und ist seine Forderung ganz oder teilweise ausgeboten, so kann nur der betreibende Gläubiger Sicherheit verlangen (§ 67 Abs. 2). Die Sicherheit muß auf Verlangen eines Beteiligten sofort geleistet werden, sonst wird das Gebot zurückgewiesen (§ 70). Das in diesen Vorschriften ausgesprochene Prinzip ist an sich nicht unberechtigt, denn die Realgläubiger sollen davor geschützt werden, daß vermögenslose Bieter den Zuschlag erhalten, und daß auf diese Weise eine erneute Zwangsversteigerung erforderlich wird. Die Regelung aber, die das Gesetz getroffen hat, enthält einen Formalismus, der den tatsächlichen Verhältnissen nicht gerecht wird.

Man muß berücksichtigen, daß sich ein großer Teil des Anlagekapitals für zweite Hypotheken aus den Mitteln von Beamten, kleinen Rentiers und aus Witwengeldern zusammensetzt. Diese Kapitalisten legen zum großen Teil aus dem Grunde ihre Gelder nicht in Wertpapieren an, weil für die beteiligten Kreise eine Verzinsung von 4 %, wie sie bei solchen Papieren üblich ist, nicht ausreicht, und weil man sich etwaigen Kursschwankungen nicht aussetzen will; sie haben deshalb nur selten weitere flüssige Mittel. Es ist daher sehr verständlich, daß im Falle einer Subhastation die Beschaffung der erforderlichen Kaution in vielen Fällen mit großen, teils unüberwindlichen Schwierigkeiten verknüpft ist. Man mag hiergegen einwenden, daß, so lange es sich um eine sichere Anlage handelt, der in Frage stehende Hypothekengläubiger in der Lage ist, sich auf Grund seiner Hypothek das für die Kaution erforderliche Kapital jederzeit zu beschaffen. Hiergegen muß aber eingewendet werden, daß in erster Linie die hier in Frage stehenden Kreise viel zu wenig geschäftsgewandt sind, um sich in der vorerwähnten Weise helfen zu können, umsomehr, da auch ihnen die dazu erforderlichen Verbindungen vollständig fehlen, daß aber in kritischen Zeiten selbst auch für unbedingt sichere zweite Hypotheken Geld nur schwer zu beschaffen sein wird. Darauf ist es dann auch zurückzuführen, daß derartige Hypotheken bei Grundstücken, welche zur Zwangsversteigerung anstehen, sehr häufig mit einem empfindlichen Damno verkauft werden, allein aus dem Grunde, weil der Gläubiger fürchtet, im Bietungstermin nicht ausgeboten zu werden, und weil er nicht in der Lage ist, sich für den Fall, daß er selbst ein Gebot abgibt, die erforderliche Kaution zu verschaffen.

c. Anberaumung eines neuen Bietungstermins.

Es können Fälle eintreten, in denen ein Hypothekengläubiger aus unvorhergesehenen Gründen oder durch force majeure verhindert wird, den Bietungstermin wahrzunehmen. Da er hierdurch außer Stande gesetzt wird, seine Forderung zu verteidigen, wird er durch einen derartigen Zufall sein Geld verlieren, weil in dem Bietungstermin in den meisten Fällen sofort der Zuschlag erteilt wird, jedenfalls aber bei Schluß des Bietungstermins auch gleichzeitig die Abgabe weiterer Gebote nach den gesetzlichen Bestimmungen nicht mehr möglich ist. Solche Fälle sind schon wiederholt vorgekommen. Es mag hier nur darauf hingewiesen werden, daß, als die Gläubigerin einer ersten Hypothek auf einem in Neukölln belegenen Grundstücke durch ein Versehen den Bietungstermin nicht wahrgenommen hatte, das Grundstück im Werte von mehreren hunderttausend Mark zu einem Bagatell-Betrage einer Berliner Bodengesellschaft zugeschlagen worden ist. In diesem Falle ist der Schaden allerdings im wesentlichen dadurch geheilt worden, daß, nachdem die Verhältnisse klargelegt worden sind, die hier in Frage stehende Bodengesellschaft aus Gründen der Kulanz der ausgefallenen Gläubigerin das weitgehendste Entgegenkommen erwiesen hat. Es wird aber häufig vorkommen, daß der betreffende Ersteher des Grundstücks einfach auf seinem Schein besteht. Hiergegen muß durch das Gesetz ein ausreichender Schutz geschaffen werden.

B. Vorschläge zum Schutze der Hypothekengläubiger.

Wir haben in Vorstehendem die wesentlichsten Mängel dargelegt, die die Gesetzgebung für die Hypothekengläubiger aufweist. Wir wollen nunmehr versuchen, Vorschläge zu einer Besserung der bestehenden Verhältnisse zu machen. Die Mehrzahl der angeführten Mißstände dürfte nur durch Änderung der bestehenden Gesetze wirksam zu beseitigen sein. Es ist dies an sich kein dankenswertes Unterfangen; denn die allgemeine Meinung steht auf dem Standpunkt, daß eine häufige Abänderung der Gesetze die Möglichkeit einer ruhigen Weiterentwicklung von Handel und Verkehr stark beeinträchtige. Mag dies auch im allgemeinen gewiß zutreffend sein; da, wo das Gesetz indes erhebliche Mängel aufweist, die von unlauteren Elementen in einer gegen Treu und Glauben verstoßenden Weise ausgenutzt werden, und die geeignet sind, das Vertrauen des Publikums zur Rechtssicherheit zu erschüttern, muß man daraus die notwendigen Folgerungen ziehen und die unzulänglichen Bestimmungen durch andere ersetzen, die den Anforderungen der beteiligten Kreise mehr gerecht werden.

Unsere Vorschläge gehen dahin:

Zu I. Die Gesichtspunkte, die hierbei maßgebend sein müssen, haben wir bereits oben dargelegt. Das Gesetz spricht die **Haftung der Miet- und Pachterträgnisse** für die Hypothek als Grundsatz aus. Es ist unbillig, diesen Grundsatz in einer Weise zu beschränken, die tatsächlich einer Aufhebung der Pfandhaftung gleichkommt. Es muß vielmehr gefordert werden, daß dem Hypothekengläubiger unbedingt der Zugriff auf die Miet- und Pachtforderungen zustehe. Man kann demgegenüber nicht einwenden, eine solche Regelung widerspreche den berechtigten Interessen des Grundstückseigentümers, weil ihm in unbilliger Weise die Verfügung über ein Vermögensobjekt schon zu einer Zeit entzogen würde, zu der dazu noch keine Veranlassung vorliege. Ein solcher Einwand enthält eine Verkennung der gesamten Rechtslage des Eigentümers, der das Grundstück seinem Gläubiger durch Bestellung einer Hypothek verpfändet. Mit der Hypothekenbestellung ist das gesamte beliehene Objekt seiner Verfügung zum Zwecke anderweiter Verpfändung entzogen. Aus diesem Grunde unterliegt dasjenige Zubehör, das sich im Eigentum des Grundstückseigentümers befindet, gemäß § 865 Abs. 2 ZPO. nicht dem unmittelbaren Zugriffe durch Pfändung; Zubehörstücke, die dem Eigentümer des Grundstückes gehören, können nur im Wege der Zwangsversteigerung in das unbewegliche Vermögen, also zusammen mit dem Anwesen selbst, versteigert werden. Ebenso wie das Zubehör, sind aber auch Miets- und Pachterträgnisse mit der Hypothekenbestellung dem Hypothekengläubiger verpfändet. Das spricht § 1123 BGB. mit klaren Worten aus. Unter diesen Umständen liegt kein Grund vor, die gesetzlichen Bestimmungen über das Zubehör nicht auch auf die Miet- und Pachtzinsforderungen auszudehnen. Die bereits eingezogenen Mieten für das laufende Vierteljahr müssen selbstverständlich aus der Haftung für die Hypothek ausscheiden, weil sonst die Mieter in die Lage versetzt würden, die bezahlte Miete ein zweites Mal entrichten zu müssen.

Die bereits oben erwähnte Eingabe der Ältesten der Kaufmannschaft zu Berlin an das Reichs-Justizamt schlägt vor, dem Absatz 1 des § 1124 BGB. einen halben Satz „soweit der Miet- oder Pachtzins vor der Beschlagnahme fällig geworden ist" einzufügen. Diese Fassung könnte aber mit Rücksicht auf die verschiedenen Fälle, die der Absatz 1 regelt, zu Mißdeutungen Anlaß geben. Dagegen dürfte es zweckmäßiger sein, im Absatz 2 die Worte „und das folgende" zu streichen, sodaß diese Vorschrift nachstehende Fassung erhielte:

> „Die Verfügung ist dem Hypothekengläubiger gegenüber unwirksam, soweit sie sich auf den Miet- oder Pachtzins für eine spätere Zeit als das zur Zeit der Beschlagnahme laufende Kalendervierteljahr bezieht."

Diese Regelung hätte zur Folge, daß der Hypothekengläubiger in jedem Falle mit der Einleitung der Zwangsverwaltung den ersten fälligen Mietzins für sich beanspruchen könnte, und daß die Höhe der von dem Gläubiger zu leistenden Kostenvorschüsse sich erheblich verringern würde. Entsprechend dieser Änderung müßte auch § 865 ZPO. abgeändert werden. Diese Vorschrift hat jetzt folgenden Wortlaut:

> „Die Zwangsvollstreckung in das unbewegliche Vermögen umfaßt alle Gegenstände, auf welche sich bei Grundstücken und Berechtigungen die Hypothek, bei Schiffen das eingetragene Pfandrecht erstreckt.
>
> Diese Gegenstände können, soweit sie Zubehör sind, nicht gepfändet werden. Im übrigen unterliegen sie der Zwangsvollstreckung in das bewegliche Vermögen, solange nicht ihre Beschlagnahme im Wege der Zwangsvollstreckung in das unbewegliche Vermögen erfolgt ist."

Die Ältesten der Kaufmannschaft schlagen hier eine Änderung des ersten Satzes Absatz 2 vor, wonach auch die noch nicht fälligen Miet- oder Pachtforderungen nicht gepfändet werden sollen. Die Annahme dieses Vorschlages würde aber unseres Ermessens eine unbillige Erschwerung des Verkehrs zur Folge haben. Denn praktisch würde diese Fassung auf die Abschaffung der Pfändung von Mieten durch andere, als Hypothekengläubiger hinauskommen, weil Mietspfändungen sich fast immer auf die künftig fällig werdenden Mieten beziehen. Es wird wohl nur in den seltensten Fällen vorkommen, daß ein Eigentümer, der Schulden hat, und Pfändungen fürchten muß, seine Mieten nicht sofort bei Fälligkeit einzieht. Auf der anderen Seite liegt kein Grund vor, eine Pfändung der Mieten solange zu verbieten, als keiner der Realgläubiger deren Beschlagnahme durch Einleitung der Vollstreckung in das unbewegliche Vermögen erwirkt hat. Außerdem würde bei der Annahme der von den Ältesten vorgeschlagenen Fassung jeder persönliche Gläubiger des Grundstückseigentümers gezwungen sein, selbst bei einer verhältnismäßig geringfügigen Summe den schwerfälligen Apparat der Immobiliarvollstreckung in Bewegung zu setzen.

Wir schlagen daher vor, dem § 865 ZPO. einen dritten Absatz zu geben, der etwa folgenden Wortlaut erhalten müßte:

„Miet- und Pachtforderungen unterliegen der Zwangsvollstreckung in das bewegliche Vermögen. Wird jedoch die Zwangsverwaltung des Grundstücks angeordnet, so erlischt das durch die Pfändung entstandene Pfandrecht an diesen Forderungen mit dem Ablauf des Kalendervierteljahres, in dem die Beschlagnahme erfolgt ist."

Auch das Gesetz über die Zwangsverwaltung und Zwangsversteigerung müßte entsprechend geändert werden.

Hierbei kommen die §§ 21 und 57 in Betracht. § 21 Absatz 2 lautet jetzt:

„Die Beschlagnahme (des Grundstücks durch Anordnung der Zwangsversteigerung) umfaßt nicht die Miet- und Pachtzinsforderungen, sowie die Ansprüche aus einem mit dem Eigentum an dem Grundstücke verbundenen Rechte auf wiederkehrende Leistungen."

Diese Bestimmung wäre — so schlägt es auch die Eingabe der Ältesten vor — zu streichen.

§ 57 Satz 1 bestimmt:

„Ist das Grundstück einem Mieter oder Pächter überlassen, so finden die Vorschriften der §§ 571, 572, 573 Satz 1 und der §§ 574, 575 des Bürgerlichen Gesetzbuches entsprechende Anwendung."

Von den hier genannten Bestimmungen des Bürgerlichen Gesetzbuches kommt nur der § 573 Satz 1 in Frage. Dieser lautet:

„Eine Verfügung, die der Vermieter vor dem Übergange des Eigentums über den auf die Zeit der Berechtigung des Erwerbers entfallenden Mietzins getroffen hat, ist insoweit wirksam, als sie sich auf den Mietzins für das zur Zeit des Überganges laufende und das folgende Kalendervierteljahr bezieht."

Eine Abänderung dieser Vorschrift ist nicht zu empfehlen, denn es besteht kein Grund, hier den Entschließungen desjenigen, der ein Grundstück freihändig erwirbt, vorzugreifen. Deshalb wäre nicht diese Bestimmung, sondern der § 57 ZVG. abzuändern, und zwar durch Streichung der Erwähnung des § 573 und Einfügung eines Satzes, wie folgt:

„Eine Verfügung, die der Eigentümer über den auf die Zeit nach dem Zuschlage entfallenden Mietzins getroffen hat, ist dem Ersteher gegenüber nur insoweit wirksam, als sie sich auf das zur Zeit des Zuschlages laufende Kalendervierteljahr bezieht."

Zu II. Die **Lieferung** von Maschinen usw. **unter Eigentumsvorbehalt** oder zur **Miete** und dergl. kann man nicht glattweg verbieten; denn ein solches Verbot würde unter gewissen Umständen eine Beeinträchtigung der wirtschaftlichen Bewegungsfreiheit des Grundstückseigentümers bedeuten. Was man dagegen verlangen kann, ist die Öffentlichkeit solcher Rechtsverhältnisse. Diese Forderung ist gerade in dem Zusammenhang mit dem Hypothekenrecht kein Novum, denn das gesamte Liegenschaftsrecht baut sich auf den Grundsatz auf, daß die Rechtsverhältnisse eines Grundstücks nach außen in Erscheinung treten müssen. Abgesehen von ganz wenigen Ausnahmen bedürfen alle Rechte an Grundstücken zur Entstehung und zum Bestehen der Eintragung in das Grundbuch. Was wir vorschlagen, daß nämlich Rechte an Zubehörstücken nur dann Wirksamkeit gegen die Realgläubiger haben können, ist demnach nichts anderes als eine Ausdehnung des Prinzips der Publizität auf die Zubehörgegenstände. Dieser Gedanke ist übrigens im Auslande (z. B. in der Schweiz) bereits praktisch durchgeführt worden.

Wir schlagen also vor: gesetzliche Bestimmungen zu treffen, wonach Zubehörstücke nur dann dem Zugriffe der Hypothekengläubiger entzogen sind, wenn sie nicht dem Eigentümer gehören und w e n n d i e s e T a t s a c h e a u s d e m G r u n d b u c h e e r s i c h t l i c h i s t.

Die Schaffung besonderer Register für diesen Zweck erscheint nicht zweckmäßig, da die Grundbücher diese Daten — in Preußen etwa in der zweiten Abteilung —

aufnehmen könnten. Die Eintragung in der zweiten Abteilung würde auch keine Durchbrechung des jetzt geltenden Grundsatzes bedeuten; denn vom Standpunkte des Hypothekengläubigers sind Eigentumsvorbehalt und andere Rechte dritter Personen an Zubehörstücken eine „Belastung“ des Grundstücks. Diese Regelung hätte überdies den Vorzug, daß beim Abschluß von Sicherungsübereignungen, die gleichfalls nur durch Eintragung in das Grundbuch wirksam werden würden, der Grundbuchrichter durch eine erweiterte Fassung des § 55 der Grundbuchordnung angehalten würde, deren Eintragung den Realinteressenten bekannt zu geben.

Zu III. Auch gegen die Gefahren, die den Realgläubigern aus dem **Abbruch der Gebäude** erwachsen können, ist keine andere Hilfe möglich, als entsprechende gesetzliche Vorschriften.

Dazu ist zunächst zu bemerken, daß es an einer reichsgesetzlichen Regelung des Baupolizeiwesens völlig mangelt. Das Bürgerliche Gesetzbuch gibt zwar in den §§ 903 bis 905 einige Vorschriften über die Beschränkung des Eigentums, also auch über die Beschränkung des aus dem Eigentum fließenden Rechtes auf Bebauung der Grundstücke; das Strafgesetzbuch enthält in den §§ 330, 367, 368 und 369 einige Vorschriften, die die Nichtbefolgung gewisser baupolizeilicher Anordnungen als Übertretung bestrafen; endlich trifft die Gewerbeordnung in den §§ 17 ff. einige Bestimmungen über die Konzessionspflicht zur Errichtung von gewissen Gebäuden. Alle diese Vorschriften können aber nicht als Baupolizeirecht angesprochen werden, denn sie berücksichtigen nur einzelne Punkte, ohne jeden Zusammenhang. Grundsätzlich nimmt die Reichsgesetzgebung in Artikel 111 des Einführungsgesetzes zum Bürgerlichen Gesetzbuch den

Standpunkt ein, daß die einzelnen Bundesstaate befugt sind, Vorschriften zu erlassen, „welche im öffentlichen Interesse das Eigentum in Ansehung tatsächlicher Verfügungen beschränken."

Preußen z. B. besitzt kein einheitliches Baurecht. Das Allgemeine Landrecht von 1794 enthält in Titel I Teil 8 §§ 35 bis 82 einige grundlegende Bestimmungen; ihre Ausführung ist nach §§ 143 ff. des Gesetzes über die Zuständigkeit der Verwaltungs- und Verwaltungsgerichtsbehörden bestimmten Verwaltungsbehörden übertragen. Dagegen hat Hamburg ein Banpolizeigesetz (vom 22. Juni 1883) aufzuweisen. Dieses Gesetz bestimmt in § 11:

„In den nachfolgenden Fällen ist vor dem Beginne der Arbeiten bei dem Baupolizeibureau . . . eine schriftliche Anzeige . . . zu machen, worüber eine schriftliche Bescheinigung erteilt wird. . . .

13) Beim Abbruch von Gebäuden ist die Anzeige 8 Tage vor dem Beginn der Arbeit einzureichen; solche Anzeige ist von der Baupolizeibehörde unverzüglich öffentlich bekannt zu machen, . . .

In den unter . . . 13 genannten Fällen ist, wenn es von der Baupolizei gefordert wird, ein das Grundstück betreffender Extrakt aus dem Hypothekenbuche vorzuzeigen und im Falle unter 13 auf Erfordern auch ein Nachweis darüber beizubringen, daß die hypothekarischen Gläubiger von dem Abbruche unterrichtet sind."

Diese Vorschrift bringt uns der Lösung der Frage nur wenig näher. Sie verhindert zwar, daß ein Gebäude abgerissen werden kann, ohne daß die Realgläubiger überhaupt etwas davon erfahren, da diese in jedem Falle eine Benachrichtigung etwa 9 bis 10 Tage vor dem Anfang des Abbruches erhalten. Dadurch ist dem Hypothekengläubiger allerdings die Möglichkeit gegeben, eine einstweilige Verfügung zu erwirken. Diese Maßregel bietet indessen keinen ausreichenden Schutz, da sie lediglich ein privatrechtliches Verbot ausspricht und sich darauf beschränken muß, Geldstrafen (bis zu 1500 M.) oder Haftstrafen anzudrohen. Diese letzte Maßregel werden die Gerichte jedoch im allgemeinen mit Rücksicht darauf, daß sie einen sehr großen Eingriff in die persönliche Freiheit bedeutet, nur selten treffen. Aus diesen Erwägungen heraus sieht der Entwurf zu einem neuen Hamburgischen Baupolizeigesetz, das demnächst erlassen werden soll, andere Bestimmungen vor, die jedoch auch nicht als ausreichend erachtet werden können.

Unsere Ansicht geht dahin, daß hier eine reichsgesetzliche Regelung eingreifen sollte. Es handelt sich um Verhältnisse, die im wesentlichen überall gleich liegen. Man könnte allerdings einwenden, daß es sich bei dieser Frage um den Schutz eines Privatrechts handelt, und daß es deswegen nicht berechtigt sei, öffentlich-rechtliche Normen zu schaffen. Diesem Bedenken steht aber die Tatsache entgegen, daß solche Wechselbeziehungen zwischen öffentlichem und privatem Recht häufig vorkommen. Ein Beispiel bietet § 26 der Gewerbeordnung. Diese Vorschrift hebt die Bestimmung des § 905 BGB., wonach der Eigentümer eines Grundstückes verlangen kann, daß der Nachbar schädliche Einwirkungen auf sein Grundstück unterlasse, für konzessionierte Gewerbebetriebe auf, indem sie dem Eigentümer sein Verbietungsrecht nimmt und ihm nur einen Anspruch auf Schadensersatz zubilligt. Hier werden also auch Vorschriften des Privatrechts im Interesse der Konzession, die sich auf öffentlich-rechtliche Bestimmungen gründet, im Interesse einzelner Personen abgeändert.

Wir schlagen folgende Regelung vor:

„Der Abbruch von Gebäuden und Gebäudeteilen kann nur auf Grund einer Genehmigung der von der Landesverwaltung zu bestimmenden Behörde erfolgen. Mit dem Antrage auf Erteilung dieser Genehmigung ist eine beglaubigte Abschrift des Grundbuches einzureichen. Der Eigentümer hat nachzuweisen, daß er allen Realgläubigern die Nachricht von dem beabsichtigten Abbruche zugestellt hat, es sei denn, daß er die Unmöglichkeit der Zustellung nachweisen kann. Erhebt binnen zweier Wochen nach Zustellung keiner der Realgläubiger bei der zuständigen Behörde Widerspruch, so wird die Genehmigung erteilt, falls nicht anderweitige Bedenken vorliegen. Wird rechtzeitig Widerspruch erhoben, so darf die Genehmigung nur erteilt werden, wenn der Antragsteller nachgewiesen hat, daß er den Realgläubigern in voller Höhe ihres Interesses Sicherheit geleistet hat."

Es mag auch noch darauf hingewiesen werden, daß im Gegensatz zu den Gläubigern, die durch Pfändung in das bewegliche Vermögen Befriedigung gesucht haben, die Realgläubiger keinen strafrechtlichen Schutz gegen unlautere Manipulationen des Grundstückseigentümers haben. § 268 des Strafgesetzbuchs bedroht denjenigen mit Strafen, der bei einer ihm drohenden Zwangsvollstreckung in der Absicht, die Befriedigung des Gläubigers zu vereiteln, Bestandteile seines Vermögens veräußert oder beiseite schafft. Aus der Fassung dieser Bestimmung ist mit Recht entnommen worden, daß ein Grundstückseigentümer, der sein Haus durch Abbruch oder in ähnlicher Weise entwertet, um die Gläubiger zu schädigen, nicht bestraft werden kann.

Auch der im Reichsjustizamt **hergestellte** Vorentwurf zu einem deutschen Strafgesetzbuch hat keine Bestimmungen aufgenommen, die den Realgläubigern in dieser Hinsicht Schutz gewähren; vielmehr enthält der § 293 dieses Entwurfes nur den Wortlaut des bisherigen § 288.

Es wird daher die Aufgabe der Interessenvertretungen **des Grundstücksmarktes** sein, in geeigneter Weise dafür zu wirken, daß diese **Bestimmung** in dem neuen Strafgesetzbuch auch auf die **Zwangsvollstreckung** in das unbewegliche Vermögen erstreckt wird.

Eine solche Vorschrift müßte aber noch über den Rahmen des jetzigen § 288 StGB. hinausgehen. Denn während hier nur für den Fall Strafe angedroht ist, daß der Schuldner die Zerstörung usw. vornimmt, wenn die Zwangsvollstreckung unmittelbar bevorsteht, müßte gerade der Fall getroffen werden, daß der Grundstückseigentümer das Gebäude oder Teile davon zerstört, obwohl noch keine Vollstreckungshandlungen drohen, es sei denn, daß er die oben erwähnte obrigkeitliche Genehmigung erwirkt hat. Die angedrohte Strafe müßte eine Freiheitsstrafe sein, denn die Androhung einer geringen Geldstrafe würde den beabsichtigten Erfolg nicht hervorbringen.

Zu IV. Zum Schutze der Schädigungen, die den Hypothekengläubigern aus der **Abtretung der Hypothek** für vorstehende Zinsforderungen erwachsen, erscheint es nicht erforderlich, gesetzliche Maßnahmen zu treffen, weil man eine Besserung auch ohne das Eingreifen der Gesetzgebung schaffen kann.

Wir haben bereits angeführt, daß die Banken und Großkapitalisten sich gegen die unlautere Ausnutzung des § 1159 BGB. durch geschickte Abfassung ihrer Darlehnsverträge schützen. Das Ziel muß nun sein, auch weitere

Kreise zu veranlassen, gleiche Bestimmungen in die Verträge aufzunehmen. Dieses Ziel kann auf eine höchst einfache Weise erreicht werden.

Der Oberlandesgerichtsrat Deinhardt in Jena weist in Nr. 7 der Zeitschrift „Recht und Wirtschaft" zutreffend darauf hin, daß sich allenthalben **Merktafeln vorfinden,** die Ratschläge in gesundheitlichen Fragen erteilen; er **schlägt** demgemäß vor, in Anmeldestuben der Gerichte, in Standesämtern usw. Merkblätter und Aushänge über den Rechtsverkehr anzubringen. Diese Anregung ist sehr dankenswert. Würde man ihr folgen und gerade in den Geschäftszimmern der Grundbuchämter und der Notare über diesen Punkt und über die anderen Fragen, die hier interessieren, ein Merkblatt anbringen, so würde das Publikum eine Aufklärung über die wesentlichsten der hier in Frage kommenden Punkte erhalten.

Daneben empfiehlt es sich, daß Hausbesitzervereine und andere Interessenvertretungen, die hier in Frage kommen, noch weit mehr, als dies bisher schon der Fall gewesen ist, in ihren eigenen Organen aufklärende Aufsätze erscheinen lassen und auch die Tageszeitungen veranlassen, solche Abhandlungen aufzunehmen. Diese Artikel sollten sich aber nicht nur auf die vorliegenden Fragen allein beschränken, sie sollten auch die anderen Punkte behandeln. Dadurch würde die Kenntnis von den schwierigen Fragen, die das Grundstückswesen bietet, in weitere Kreise dringen. Es ist eine Erfahrungstatsache, daß das Publikum sich vor nichts mehr scheut, als vor Rechtsgeschäften auf solchen Gebieten, die ihm unverständlich sind. Wenn also durch diese Art der Aufklärungsarbeit das Publikum mit den grundlegenden Prinzipien des Grundstücksrechts vertraut gemacht wird, ist anzunehmen, daß sein Mißtrauen gegen die Mitwirkung an dem Grundstücksverkehr schwindet, und daß es selbst allmählich lernen wird, sich gegen unlautere Machenschaften zu schützen.

Vor allem aber müßten die Regierungen der einzelnen Bundesstaaten sich mit dem Reichsjustizamt ins Einvernehmen setzen und mit diesem gemeinsam ein Formular für Hypothekenbestellungsverträge entwerfen. In diesem Formular wären alle hier in Betracht kommenden Punkte in derselben Art zu berücksichtigen, wie dies heute schon die Hypothekenbanken in ihren Formularen tun. Sodann müßte die Justizverwaltung eines jeden Bundesstaates die ihr unterstellten Notare und Grundbuchämter anweisen, die vor ihnen erscheinenden Vertragsparteien auf das Formular und die günstigen Folgerungen, die dessen Anwendung haben wird, aufmerksam zu machen. Es ist zu erwarten, daß das Publikum sich in den meisten Fällen dieses amtlich empfohlenen Formulars bedienen und dadurch Schädigungen vermeiden wird.

Gegen die Zulässigkeit einer derartigen Maßnahme wird man keine Bedenken haben können, zumal z. B. in Preußen bereits eine ähnliche Einrichtung besteht. Eine Verfügung des preußischen Justizministers weist nämlich die Grundbuchrichter an, die Grundstückseigentümer dazu anzuhalten, daß sie Eintragungen, die keine materielle Bedeutung mehr haben, löschen lassen. —

Wir wollen die Gelegenheit benutzen, um auf eine Einrichtung hinzuweisen, die neuerdings von dem Brandenburgischen Pfandbriefamte für Hausgrundstücke getroffen worden ist, und die geeignet sein dürfte, in vielen Fällen Unlauterkeiten bei der Abtretung von Zinshypotheken zu vermeiden.

Der Grundstückseigentümer wird im allgemeinen seine Hypothekenzinsen von dritten Personen nur dann bezahlen lassen, wenn er selbst dazu nicht in der Lage ist. Weist dann der an erster Stelle stehende Gläubiger die Zahlung zurück, so wird vielfach der Antrag auf Anordnung der Zwangsversteigerung nicht zu vermeiden sein. Dies kann aber in sehr vielen Fällen den Interessen des zweiten Hypothekars widersprechen, sei es, daß die ungünstige Konjunktur ein Gebot, das seine Forderung deckt, nicht erwarten läßt, sei es, daß er vorübergehend nicht in der Lage ist, selbst das Grundstück zu ersteigern und sich vor Ausfällen zu schützen. Diesen Erwägungen trägt das genannte Pfandbriefamt Rechnung, indem es in seine Satzungen folgende Vorschrift aufgenommen hat (§ 15):

„Auf Antrag eines nach dem Pfandbriefamte eingetragenen Gläubigers, welcher unter Zahlung von 1/2 v. H. seiner Hypothek sich verpflichtet, für den säumigen Schuldner die rückständigen Zinsen und Versicherungsbeiträge nebst Kosten zu zahlen, kann der Vorstand zu den Akten für das Grundstück einen entsprechenden Vermerk eintragen lassen. Lehnt der Vorstand die Eintragung eines solchen Vermerkes ab, so steht dem Antragsteller die Berufung an den Verwaltungsrat frei, bei dessen Entscheidung es bewendet.

Auf Grund des Vermerkes erhält der Gläubiger im Falle der Säumnis des Schuldners Nachricht mit der Aufforderung, innerhalb zwei Wochen nach dem Behändigungstage die rückständigen Zinsen und Versicherungsbeiträge samt den Kosten gegen Abtretung zu zahlen und weiterhin die Zinsen und Beiträge an den Fälligkeitstagen zu entrichten. Solange der Gläubiger die Zahlungen pünktlich leistet, bleibt ihm das Recht vorbehalten, bei einer

Übernahme des Grundstücks durch freihändigen Ankauf oder im Wege der Zwangsversteigerung das Pfandbriefdarlehn mit allen satzungsmäßigen Rechten und Pflichten nach § 5 zu übernehmen.

Für einen solchen nacheingetragenen **Hypotheken**gläubiger ist ferner auf Antrag des Schuldners zu den Akten zu **vermerken, daß** der Schuldner sich verpflichtet, **nicht ohne** Genehmigung des nacheingetragenen Gläubigers über sein Guthaben an der Sicherheits- oder Teilungsmasse zu verfügen, ferner die Hypothek löschen zu lassen, wenn sie sich mit dem Eigentum in einer Person vereinigt. Zur Sicherung dieser letzten Verpflichtung ist eine Vormerkung im Grundbuche einzutragen."

Durch diese Bestimmung wird in der Tat dem nachstehenden Hypothekengläubiger sehr genutzt, denn wenn er von dem eingeräumten Rechte Gebrauch macht, erwirbt er selbst die Zinshypothek. Er ist ferner aber in der Lage, die Zwangsversteigerung bis auf einen ihm günstiger erscheinenden Zeitpunkt hinauszuschieben.

Zu V. Für die **Zwangsversteigerung** schlagen wir eine Änderung der bestehenden Vorschriften vor:

a) Es empfiehlt sich, den **Bekanntmachungen der Terminsbestimmungen** einen weitergehenden Inhalt zu geben, als es bisher der Fall war. § 6 des Einführungsgesetzes zu dem Reichsgesetz über die Zwangsversteigerung und Zwangsverwaltung gibt der Landesjustizverwaltung das Recht, noch andere als die im § 38 des Reichsgesetzes vorgeschriebenen Angaben in die Terminsbestimmung aufzunehmen. Von diesem Recht hat in Preußen der Justizminister durch seine Verfügung vom 7. Dezember 1899 Gebrauch gemacht. Für eine erweiterte Fassung der Terminsbestimmung ist also keine Änderung der bestehenden Gesetze, sondern lediglich eine Verfügung des Justizministers in den einzelnen Bundesstaaten erforderlich. Für diese Vorschrift wäre vor allen Dingen maßgebend, daß der Wert eines Hauses nur dann einigermaßen genau festgestellt werden kann, wenn man über seinen Bauwert und über die tatsächlichen Mietserträgnisse unterrichtet ist. Die hierzu erforderlichen Daten könnten durch die Mitwirkung des Zwangsverwalters ohne Schwierigkeit beschafft werden. In den meisten Fällen wird die Zwangsverwaltung gleichzeitig mit der Zwangsversteigerung beantragt. Der Zwangsverwalter muß also fast immer ohnehin tätig werden. Aber auch in denjenigen Fällen, in denen die Zwangsverwaltung nicht beantragt ist, könnte der Zwangsverwalter zur Mitwirkung herangezogen werden.

Es wäre außerdem eine gesetzliche Bestimmung zu schaffen, nach welcher das Gericht den Grundstückseigentümer mit einer kurzen Frist aufzufordern hat, ihm, sofern es sich um ein Grundstück handelt, das zwangsweise bei einer öffentlichen Feuersozietät versichert wird, den Feuerkassenschein sowie ferner die zu dem Hause gehörenden Bauzeichnungen und Mietsverträge nebst einer Aufstellung zu übergeben mit der Maßgabe, daß, falls binnen der angegebenen Frist diese Papiere nicht dem Gericht übergeben sind, der Grundstückseigentümer, wiederum mit einer kurzen Frist, zum Offenbarungseid zu laden ist und das Gericht weiter in die Lage versetzt wird, sofern der Grundstückseigentümer unter seinem Eide angibt, wo er die betreffenden Papiere hingebracht hat, diese dort zwangsweise wegzunehmen. Sollte aber dadurch, daß diese Papiere vorzeitig vernichtet sind, das Gericht auf diesem Wege nicht weiter kommen, so würde die Hilfe des Zwangsverwalters in Anspruch zu nehmen sein, welcher in erster Linie von der zuständigen Baupolizei eine Kopie der Bauzeichnungen, von der Feuersozietät ein Duplikat des Feuerkassenscheins und von den Mietern die Vorlegung der Mietsverträge zu verlangen hätte. Sollte ein Mieter sich weigern, den bestehenden Mietsvertrag vorzulegen, so könnte er hierzu durch eine fiskalische Strafe angehalten werden. Auf diese Weise würde man das für die Wertschätzung des Hauses unbedingt erforderliche Material in jedem Falle erhalten können. Die Größe des Grundstücks ergibt sich schon jetzt aus dem Kataster; in den Fällen aber, in denen das Grundstück nicht übernommen ist, könnte der Zwangsverwalter hierüber Auskunft bei dem zuständigen städtischen Vermessungsamt einfordern; die in dem Feuerkassenschein enthaltene Taxe der Gebäude ergibt ein zuverlässiges Bild über den Wert der vorhandenen Gebäude. In den Fällen, in denen die Versicherung bei einer öffentlichen Feuersozietät nicht vorliegt, würde jeder aus den Bauzeichnungen, aus welchen sich auch die bebaute Fläche des in Frage stehenden Grundstückes ergibt, mit großer Sicherheit den Bauwert feststellen können. Auf Grund der vorhandenen Mietsverträge hätte dann weiter der Zwangsverwalter ein spezifiziertes Mietsverzeichnis aufzustellen, in welchem er auf Grund der bestehenden Verträge einerseits die vermieteten Räume einsetzt, andererseits aber unter Berücksichtigung der tatsächlich erzielten Mieten den Wert der nicht vermieteten Räume schätzungsweise feststellt. Dieses Verfahren ist auch auf Neubauten, welche noch nicht vermietet sind, auszudehnen. Hier hätte auf Grund sorgfältiger Feststellungen — eventuell unter Zuziehung eines Sachverständigen — der Zwangsverwalter die Mieten schätzungsweise anzugeben. Durch diese Maßnahmen werden nun die wesentlichsten Faktoren für die Wertschätzung eines Grundstückes zuverlässig festgestellt, aus der Feuerkasse bezw. aus der bebaubaren Fläche der Bauwert, aus der Gesamtfläche des Grundstückes der Bodenwert und aus den vorhandenen Mietsverträgen unter Schätzung der nicht vermieteten Räume der tatsächliche Ertragswert.

Um nun eine ausreichende Schar von Interessenten für die Zwangsversteigerung zu gewinnen, müßten diese drei Faktoren in jedem einzelnen Falle gleichzeitig mit der Bekanntmachung der Zwangsversteigerung veröffentlicht werden, und es müßte jedem Kaufliebhaber gestattet sein, sich gegen Zahlung einer geringen Gebühr von dem Gericht oder vom Zwangsverwalter eine Abschrift der Aufstellung über die vorhandenen oder geschätzten Mieten geben zu lassen. Weiter wäre es aber auch für die Wertschätzung eines Hauses durchaus erforderlich, daß jeder Kaufliebhaber in die Lage versetzt wird, sich über den baulichen Zustand des Hauses, über seinen Ausbau, über die Anlagen usw. eingehend zu informieren. Dies kann nur in der Weise geschehen, daß jeder Kaufliebhaber nicht nur in die Lage versetzt wird, sich das Grundstück von außen oder etwa auch im Treppenhaus usw. anzusehen, sondern daß er sich auch über die Größe der Mietsräume, über die vorhandenen Einrichtungen, über den Zustand der Wohnungen usw. informiert. Zu diesem Zwecke hat der Zwangsverwalter einen Termin an Ort und Stelle durch öffentliche Bekanntmachung anzuberaumen, in welchem die Mieter bei Vermeidung einer fiskalischen Strafe und unter Androhung des Ersatzes des durch die Weigerung entstehenden Schadens die Mietsräume zur Besichtigung frei zu halten haben. Jede Belästigung der Mieter könnte dadurch vermieden werden, daß nicht etwa sämtliche Wohnungen, sondern nur eine Reihe von Mietsräumen, welche der Zwangsverwalter näher zu bezeichnen hat und welche ein hinreichend klares Bild über den baulichen Zustand des Hauses geben, zur Besichtigung freistehen. Es wäre weiter, um Belästigungen der Bewohner zu vermeiden, anzuordnen, daß die Besichtigung nur unter Leitung des Zwangsverwalters oder seines Vertreters erfolgen dürfe. Sind alle diese Bestimmungen erfüllt, so wird sich nun der Kaufinteressent ein klares Bild über den Wert des Hauses machen können und er wird demgemäß auch in der Lage sein, ein wesentlich höheres Gebot unter Umständen abzugeben, als wenn er — um einen vulgären Ausdruck zu gebrauchen — wie dies bisher üblich war, die Katze im Sack kaufen soll. Wir fügen am Schluß ein Formular bei, das veranschaulicht, wie wir uns die Ausführung unserer Vorschläge denken.

b) Auf die **Sicherheitsleistung** wird man aus den oben dargelegten Gründen nicht allgemein verzichten können. Dagegen wäre es eine sehr wesentliche Verbesserung der bestehenden Bestimmung, wenn ein Hypothekengläubiger bei Abgabe eines Gebotes nur insoweit Sicherheit zu stellen brauchte, daß er die rückständigen Steuern, die rückständigen Zinsen der voreingetragenen Hypotheken und die bis zum Bietungstermin entstandenen Kosten des Verfahrens zu hinterlegen brauchte. Dadurch würde eine weit geringere Summe als 10 % des Gebots herauskommen, so daß der Gläubiger sich viel leichter an der Versteigerung beteiligen könnte. Dagegen würde eine Schädigung der vorstehenden Gläubiger in keiner Weise eintreten, vielmehr würde sogar sich ihre Lage gegenüber dem jetzigen Zustande insofern verbessern, als die sämtlichen rückständigen Zinsen — also auch solche, welche vor Einleitung des Verfahrens rückständig waren — sämtliche rückständigen Steuern und sämtliche Kosten des Verfahrens zu hinterlegen wären.

c) Die Gefahren, die dem Hypothekengläubiger daraus entstehen, daß mit dem Abschluß des Bietungstermins eine Möglichkeit, auf den Zuschlag einzuwirken, in der Regel nicht mehr gegeben ist, ließen sich vermeiden, wenn der Zuschlag in jedem Falle auf zwei Wochen auszusetzen ist, daß das Resultat des Termins dem aus den Grundakten festgestellten eingetragenen Hypothekengläubiger mit einer Frist von fünf Tagen bekannt gegeben wird und es dann einem voreingetragenen Hypothekengläubiger freisteht:

1. sofern er eine Sicherheit in Höhe von 10 % des abgegebenen Gebots leistet,
2. sofern er einen ausreichenden Kostenvorschuß für die Abhaltung eines neuen Termins zahlt,
3. sofern er sich rechtsverbindlich verpflichtet, in diesem neuen Termin einen das in dem ersten Termin abgegebene Gebot übersteigenden Preis für das Grundstück zu bieten,

die Anberaumung eines neuen Termins zu beantragen.

Sind die vorstehenden, dem Hypothekengläubiger aufzuerlegenden Verpflichtungen von ihm sämtlich erfüllt worden, so ist das Interesse der anderen Beteiligten in keiner Weise geschädigt. Man könnte einwenden, daß durch die Anberaumung eines neuen Termins eine Schädigung dadurch entsteht, daß inzwischen die Zinsen weiter aufgelaufen sind, doch kann dies nicht so bedeutend sein, um einen derartig wirksamen Schutz eines aus einem Zufalle heraus benachteiligten Gläubigers nicht treffen zu sollen. Es könnte aber auch jede Schädigung dadurch vermieden werden, daß der Hypothekengläubiger sich zu verpflichten hat, nicht nur das in dem ersten Termin abgegebene Gebot, sondern auch dieses zuzüglich der inzwischen aufgelaufenen Zinsen zu übernehmen.

Auch das Bedenken, daß man etwa daraus herleiten könnte, daß das Verfahren unnötig verzögert wird, erscheint nicht berechtigt. Bis vor kurzem war es allgemein üblich, in dem Bietungstermin von den Rechten des § 87 Zw. V. G., wonach ein neuer Termin „über eine Woche hinaus" zur Verkündung des Zuschlagsbeschlusses anberaumt werden kann, Gebrauch zu machen. Daraus haben sich keine Schädigungen ergeben. Wenn heute von dieser Bestimmung fast überhaupt kein Gebrauch gemacht wird, so liegt dies an der Änderung der Stempelgesetzgebung. Nach dem Preußischen Stempelsteuergesetz vom 31. Juli 1895 unterlag die Beurkundung von Abtretungen der Rechte aus dem Meistgebot nur einem Stempel von 1,50 ℳ (Position 32 Abs. 10). Nach dem neuen Gesetz vom 30. Juni 1909 tritt eine Ermäßigung nur dann ein, wenn die Abtretung der Rechte aus dem Meistgebote oder die Erklärung, für einen anderen geboten zu haben, in dem Versteigerungstermin erfolgt. Demnach muß bei einer Abtretung der Rechte aus dem Meistgebot, die nicht im Bietungstermin selbst erfolgt, der volle Stempel bezahlt werden. Damit ist das Interesse an der Aussetzung des Zuschlagsbeschlusses nicht mehr gegeben, weil die Möglichkeit, die früher bestanden hatte, zwischen dem Bietungstermin und dem Verkündungstermin die Rechte aus dem Meistgebot ohne besondere Unkosten abzutreten, jetzt weggefallen ist. Immerhin aber muß festgestellt werden, daß sich aus dieser früheren Übung keinerlei Mißhelligkeiten ergeben haben. — — —

Zu den vielfachen Gefahren, die, wie wir in vorstehendem gezeigt haben, die Sicherheit der Hypothek bedrohen, gesellt sich dem Anscheine nach in der letzten Zeit eine neue Gefahr. Es ist bekannt, daß sich der letzte Juristentag mit der Frage beschäftigt hat: „Empfehlen sich gesetzgeberische Maßnahmen, durch welche die Haftung des persönlichen Schuldners für den Hypothekenausfall beschränkt wird, wenn der Gläubiger seine Hypothek nicht ausgeboten und das Grundstück weit unter dem Wert erstanden hat?" Diese Frage wird auch auf dem in diesem Jahre zu Wien stattfindenden Juristentage besprochen werden. Die Redner des Juristentages haben zum Teil vorgeschlagen, gesetzliche Bestimmungen im Sinne dieser Frage zu befürworten, andere nahmen den Standpunkt ein, eine solche gesetzgeberische Maßregel sei nicht erforderlich, weil dem klagenden Hypothekengläubiger von dem persönlichen Schuldner die Einrede der Arglist mit der Wirkung der Klageabweisung entgegengehalten werden könne.

Der Fall, von dem die Teilnehmer des Juristentages ausgegangen sind, ist etwa folgender:

Ein Grundstück ist an erster Stelle mit 100000 *M*, an zweiter Stelle mit 30000 *M* beliehen. Der zweite Hypothekar ersteht das Grundstück mit 105000 *M* und verlangt nunmehr von dem persönlichen Schuldner oder seinem Ausbietungsgaranten Zahlung der 25000 *M*, mit denen er rechnungsmäßig ausgefallen ist, während das ersteigerte Grundstück mehr als 130000 *M* wert ist. In der Tat erscheint der Anspruch des Hypothekars in einem solchen Falle auf den ersten Blick als unberechtigt. Eine nähere Prüfung der Verhältnisse muß aber die Frage in einem ganz anderen Lichte erscheinen lassen:

Wer sein Geld auf Hypotheken ausleiht, tut dies in den meisten Fällen lediglich in der Erwartung, regelmäßig Zinsen zu erhalten und das Kapital nach Fälligkeit zurückgezahlt zu bekommen; er will also sein Geld sicher „anlegen". Etwas anderes beabsichtigt er nicht, vor allem nicht, eines Tages das Grundstück selbst übernehmen zu müssen. Der Hypothekengläubiger bekommt seine Zinsen, ohne tätig sein zu müssen, ihm ist das hypothekarisch gesicherte Darlehn eine dauernde Kapitalsanlage, aus der ihm keine Mühe erwachsen soll. Der Eigentümer eines Hauses muß dagegen, wenn er aus diesem Nutzen ziehen will, tätig sein, er muß Wohnungen vermieten, Reparaturen ausführen lassen, Land bestellen, Ernten verkaufen, — alles Dinge, deren Besorgung häufig dem Interessenkreise des Hypothekengläubigers recht fern liegen muß. Es kommt vielfach vor, daß ein solcher „Hausbesitzer wider Willen" einen Verwalter anstellen muß, weil es ihm selbst an jeder Geschäftskenntnis mangelt. Daher kann man dem Hypothekengläubiger, der das Grundstück ersteigert, nicht entgegenhalten, er habe durch die Zwangsversteigerung keinen Schaden gehabt.

Man kann vielleicht folgern: es sei unbillig, den persönlichen Schuldner oder den Garanten in Anspruch zu nehmen, wenn offenbar kein Schaden eingetreten ist. Steht man aber auf diesem Standpunkte, so muß die Konsequenz nicht die sein, daß der Garant frei ausgeht, sondern die, daß er Zug um Zug gegen Zahlung der Hypothek und der dem Hypothekengläubiger erwachsenen Unkosten Übereignung des Grundstückes verlangen kann.

Wir haben diese Frage, die erst später akut werden wird, deswegen besprochen, weil möglicherweise die Rechtsprechung unter dem Einfluß der verschiedenen Äußerungen in der juristischen Literatur dazu gebracht werden kann, tatsächlich dem verklagten persönlichen Schuldner gegen den klagenden Hypothekengläubiger die Einrede der Arglist aus der Erwägung zuzugestehen, daß kein Schaden entstanden sei. Daß diese Befürchtung nicht ungerechtfertigt ist, ergibt sich daraus, daß das Reichsgericht in einem ähnlich gelagerten Falle einen Standpunkt eingenommen hat, der sich gleichfalls auf den Gesichtspunkt der Arglist stützt. In diesem Falle hatte nämlich der Bautischler von dem Grundstücke die von ihm bereits fertig eingebauten und verglasten Fensterflügel aus dem Gebäude entfernt. Kurz darauf war Zwangsversteigerung beantragt worden; der Gläubiger der zweiten Hypothek hat das Grundstück erstanden, wobei er mit seiner ganzen Hypothek ausgefallen war. Er verlangte nunmehr von dem Bautischler als Schadenersatz den Wert der von ihm weggeschafften Fensterflügel, mit der Begründung, diese Entfernung sei ordnungswidrig. Das Landgericht hat die Klage abgewiesen, das Kammergericht hat den Anspruch dem Grunde nach für gerechtfertigt erklärt. Auf die Revision des Beklagten hat das Reichsgericht das Urteil des Kammergerichts aufgehoben und zur anderweitigen Verhandlung an das Berufungsgericht zurückgewiesen und zwar mit folgender Begründung: Es müsse nachgeprüft werden, welchen Wert das Grundstück gehabt habe; wenn sich dabei herausstelle, daß das Grundstück einen so hohen Wert gehabt habe, daß dadurch rechnerisch auch die Hypothek der Klägerin gedeckt werde, so handele die Klägerin arglistig, wenn sie von dem Beklagten Schadenersatz fordere, und müsse mit ihrem Anspruche abgewiesen werden.

(Urteil des Reichsgerichts 6. Zivilsenat vom 24. Oktober 1910, VI. 650/1909.) In diesem Urteil hat also das Reichsgericht die Einrede der Arglist für durchgreifend erachtet. Es hat dabei die oben dargelegten Erwägungen, daß der Hypothekengläubiger niemals beabsichtigt habe, das Grundstück zu erwerben, daß ihm also aus diesem Erwerbe wider Willen kein Nachteil erwachsen dürfe, nicht in Betracht gezogen.

Es ist die Pflicht der Interessenvertretung der Grundstücksinteressenten, dafür einzutreten, daß über diese Frage Aufklärung geschaffen wird, daß also, wenn die Rechtsprechung die Einrede der Arglist in einem solchen Falle zulassen sollte, dies nur mit der Beschränkung geschehen darf, daß dann der in Anspruch genommene persönliche Schuldner oder Ausbietungsgarant, wenn er den Anspruch nicht anerkennen will, lediglich Zug und Zug gegen Zahlung der Summe, mit der der Hypothekengläubiger ausgefallen ist, und gegen Erstattung der Kosten, die ihm durch die Beteiligung an dem Verfahren sowie durch die Ersteigerung des Grundstückes erwachsen sind, Übereignung des Grundstückes verlangen kann. Für den Fall, daß eine gesetzliche Regelung im Sinne der vom Juristentage gestellten Frage vorgenommen werden soll, muß das Recht des Hypothekengläubigers in der angedeuteten Weise gesetzlich festgelegt werden.

In den vorstehenden Zeilen haben wir eine Reihe der Schäden dargelegt, welche dem Hypothekengläubiger mangels ausreichender gesetzlicher Bestimmung drohen, und entsprechende Vorschläge gemacht, um den bezeichneten Übelständen nach Möglichkeit abzuhelfen. Mögen sich nun in der Praxis auch noch anderweitige Mängel zu

Ungunsten des Hypothekengläubigers ergeben haben, welche uns nicht bekannt sind, mögen auch unsere Vorschläge im einzelnen noch der Änderung und der Verbesserung bedürfen, unsere Aufgabe soll nur darin gipfeln, wie dies bereits eingangs erwähnt worden ist, für die künftige bessere Gestaltung der Verhältnisse am Grundstücks- und Hypothekenmarkt Anregungen zu geben, von denen wir hoffen, daß sie dazu beitragen werden, die von uns angeführten Mängel zu beheben und das Mißtrauen des Anlage suchenden Publikums gegen den Erwerb von Hypotheken zu beseitigen.

Auszug
aus dem Grundbuche von Moabit,
Band 87 Blatt Nr. 3587.

Hofraum mit Gebäuden belegen

Beusselstraße Nr. 265.

Flurbuch Nr. 41, Größe: 969 qm.

Abteilung I.

Eigentümer: Heinrich Müller.
Erwerbspreis am 4. Januar 1906: M. 200 000.

Abteilung II.

Eigentumsbeschränkungen und dingliche Lasten.

Nr. 1. Vormerkung auf Erhaltung des Rechts auf Auflassung für die offene Handelsgesellschaft in Firma Hugo Voß & Co. zu Magdeburg gemäß dem Vertrage vom 10. August 1909 — Nr. 186 des Registers des Notar Hermann Jung —. Eingetragen am 1. September 1909.

Nr. 2. Die Zwangsversteigerung ist angeordnet. Eingetragen am 16. Dezember 1911.

Abteilung III.

Hypotheken, Grundschulden, Rentenschulden.

Nr. 1. M. 160 000. — Hypothek für ein Darlehn des Rentiers Albert Thomas zu Charlottenburg vom 1. Januar 1909 ab mit viereinviertel vom Hundert jährlich verzinslich. Die Zwangsvollstreckung ist gegen den jeweiligen Eigentümer des Grundstücks zulässig, im übrigen unter Bezugnahme auf die Eintragungsbewilligung vom 20. Dezember 1908, eingetragen am 28. Dezember 1908.

Mieterverzeichnis des Grundstücks
Beusselstraße 265.

Laufende Nr.	Stand und Name der Mieter	Etage	Die Wohnung besteht aus: Laden	Stube	Kammer	Küche	Badestube	Jährliche Miete ℳ	Mietswert ℳ	Bemerkungen
		Vorderhaus:								
1.		Part.	1	1	1	1	—	1 200		Reichspost
2.		„	1	2	—	1	—	1 500		
3.		I.	—	2	—	1	—		480	Eigentüm.
4.		„	—	3	—	1	—	725		
5.		II.	—	3	—	1	—		744	unvermiet.
6.		„	—	2	—	1	—	480		
7.		III.	—	3	—	1	—	720		
8.		„	—	2	—	1	—	468		
9.		IV.	—	3	—	1	—	678		
10.		„	—	2	—	1	—	468		
		Seitenflügel:								
11.		Part.	—	1	—	1	—	282		
12.		I.	—	1	—	1	—		276	Eigentüm.
13.		„	—	1	—	1	—	282		
14.		II.	—	1	—	1	—	282		
15.		„	—	1	—	1	—	282		
16.		III.	—	1	—	1	—	282		
17.		„	—	1	—	1	—	282		
		Quergebäude:								
18.		Part.	—	1	—	1	—	276		
19.		„	—	2	—	1	—	1 000		Kohlenlager
20.		I.	—	1	—	1	—	264		
21.		„	—	1	—	1	—	300		
22.		„	—	2	—	1	—	336		
23.		II.	—	1	—	1	—	300		}
24.		„	—	1	—	1	—	294		} Tischlerei
25.		„	—	2	—	1	—	330		}
26.		III.	—	1	—	1	—	288		
27.		„	—	1	—	1	—	294		
28.		„	—	2	—	1	—	324		
29.		IV.	—	1	—	1	—	282		
30.		„	—	1	—	1	—	264		
31.		„	—	1	—	1	—	264		
32.		„	—	1	—	1	—	264		
				Summe				**13 011**	**1 500**	

Druck von Otto Walter in Berlin S. 14.

FSC
www.fsc.org
MIX
Papier | Fördert gute Waldnutzung
FSC® C083411

Kolibri 360 GmbH
Ferdinand-Jühlke-Straße 7
99095 Erfurt, Deutschland
produktsicherheit@kolibri360.de